U0462957

内蒙古
巴彦淖尔市图书馆
藏珍本古籍系列
之二

庚子事變手札

〔整理〕

张永江 校释

北京燕山出版社

『内蒙古巴彦淖尔市图书馆藏珍本古籍系列』编纂委员会

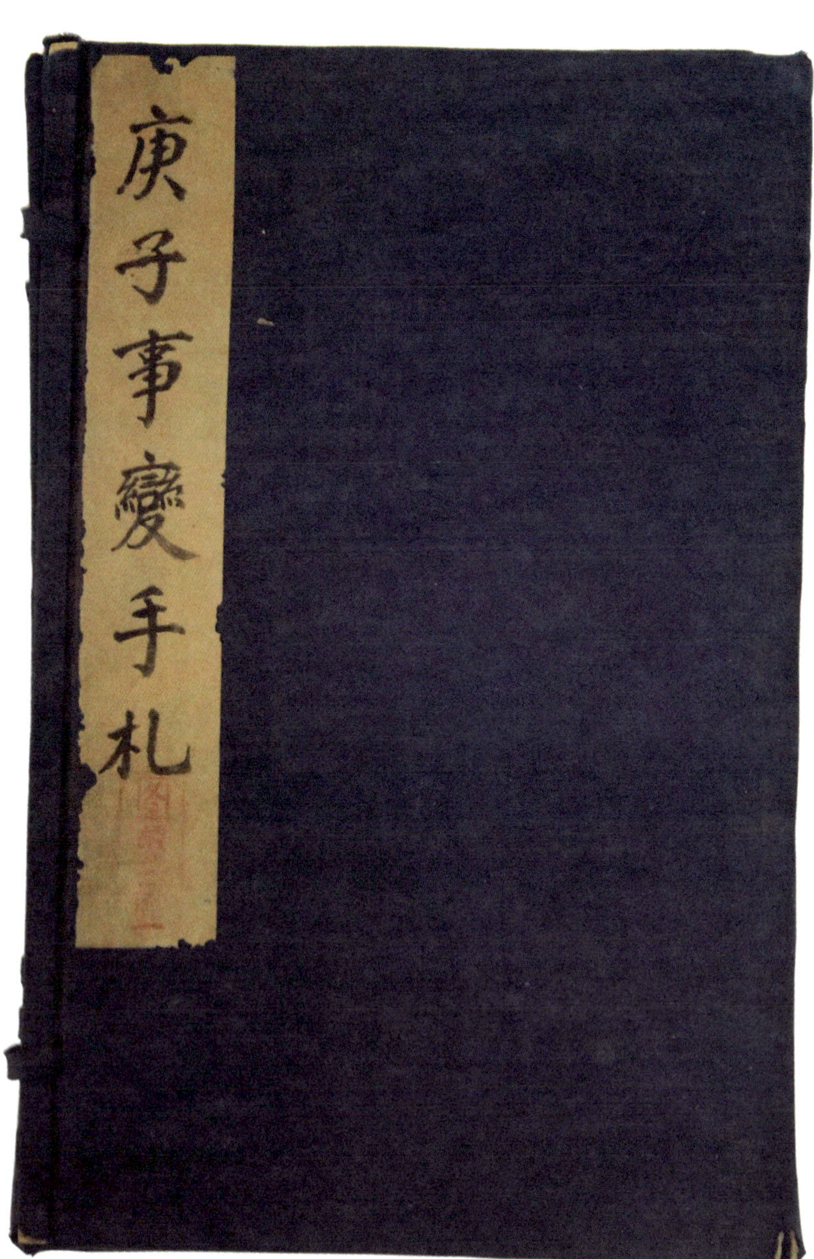
庚子事變手札

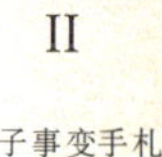

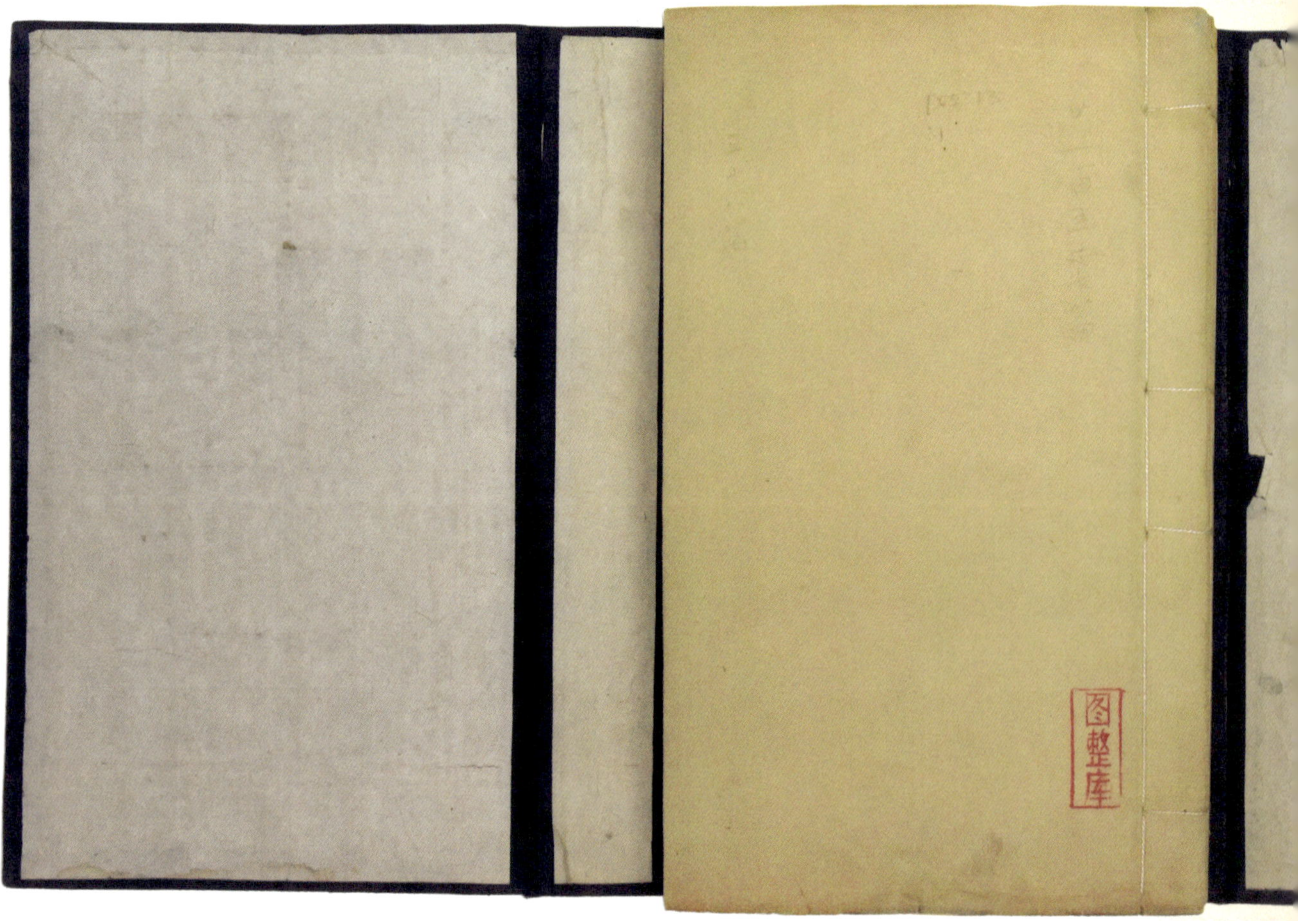

庚子事變手札

說必可少助至上司素無交情遽爾唐突恐或有損
無益且看訊後如何再作計議吾兄急難至此弟豈
有坐視之理惟恨遠隔數千里鞭長莫及不勝悃悃事
體如何希常
賜示復請
時安
弟亨嘉頓首

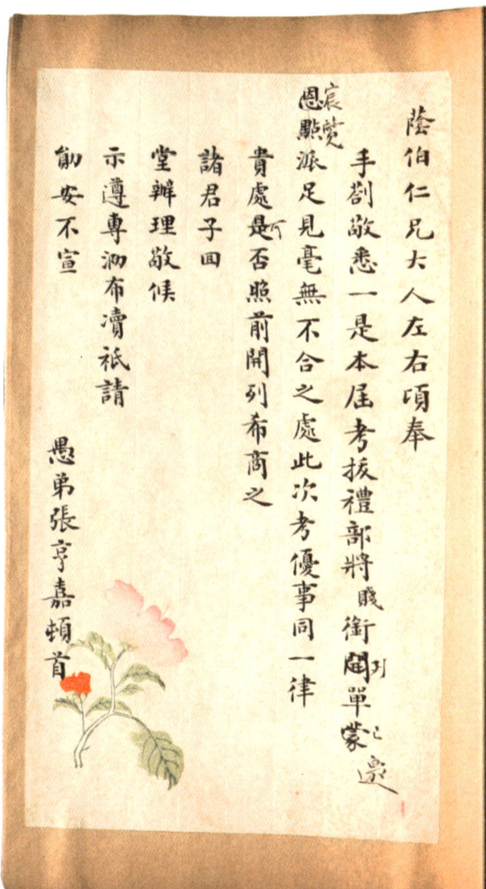
陸伯仁兄大人左右頃奉
手劄敬悉一是本屆考拔禮部將銜闈單蒙
恩點派足見毫無不合之處此次考優事同一律
貴處是否照前開列希商之
諸君子回
堂辦理敬候
示遵專泐布瀆祗請
勛安不宣
愚弟張亨嘉頓首

前言

《庚子事变手札》，一函四册。原件藏内蒙古巴彦淖尔市图书馆，编者不详。馆藏著录说来自张亨嘉藏札，这判断是准确的。装订形式系将信函原件简单裱于普通纸张上，大致按篇幅分为四卷。细看装裱顺序并未按信札的日期先后或内容归类，而是前后颠倒，杂乱无章，个别信函甚至有残失情况。应该是张亨嘉的后人或保管者，在不了解信札始末内情的情况下为防散失采取的临时措施。张亨嘉（1847–1911），字燮钧、燮君，福建侯官（今福州）人，是晚清官僚，著名学者和书法家。1883年考中进士，以文学和书法兼优，长期在翰林院、南书房供职，曾出任湖南、浙江学政，并出任京师大学堂首任总监督（即校长），晚年官至兵部、礼部侍郎。卒，谥文厚。有《张文厚公文集》行世。这样一位文化名人的藏札，何以会流落到僻陋荒远的草原边城？说来话长，简而言之，这是在上世纪七十年代初“文革”混乱时期，经由某种特殊机缘，从故宫博物院随其他资料一起调拨到当时的巴彦淖尔盟图书馆的。自此以后，这批珍贵资料便如泥牛入海，杳无声息，直到数年以前被我们重新“发现”。

回到信札本身。经过仔细识辨，这批信札一共有113通，包括重复件和附件。大部分信札（87通）产生的时间和背景是在庚子事变和辛丑年间（1900–1901），内容也多与庚子事变有关，故最初的整理者题名《庚子事变手札》。这有一定道理。但其时间和信札内容都不仅限于庚子事变，1903年以后的也有26通，所以名之为《张亨嘉藏札》或许更准确。考虑到我们此次只就原件整理，名从主人，故题名仍从其旧。信札的作者有多人，多数为张亨嘉同僚、门生故旧和亲族，有些还颇为知名，如恽毓鼎、绍昌、松寿、李希圣、徐琪等人，半数以上是徐琪手笔，其中也有一些是张亨嘉的复函。信札作者群直观地反映了当时张亨嘉的社会网络和交游关系。

信札中数量最多，也是最有研究价值的部分，是庚子事变前后的往返书信，每多议论通报朝局时政，数量有70多通。从义和团庚子五月进京，设坛活动、清廷态度、用人行政、京师混乱、官员出逃避难、维持治安、各地反应、攻打教堂使馆、大沽天津失守，直到调兵勤王，遣散义和团都有涉及。其后则是联军入京，两宫出逃，留守官员一面与联军接触，处置善后，一面督促李鸿章赴京议和，同时会议摺奏恭请两宫回銮而积极活动，互相通报各地战况，人事变动，尤其是李鸿章到京后具体的议和过程，这些信札中都有透露。既是当时朝局混乱的实况，也反映了大难之下中下层官员的心态情感。其二，是关于张亨嘉筹设福建存古学堂始末的信件，包括选址、规划、教习聘请等具体事务协商及最后终止过程。其三，是门生故旧向张亨嘉问候请托的内容，反映了清末官场风气和仕途壅滞的严重。其四，是反映张亨嘉与故乡亲族故旧之间有关家事商议处理情形的信件。值得注意的是，有两封信来自长沙，通报了抢米风潮起因实况。此外，还有部分书信是友朋之间讨论书画和同僚之间商议公事者。总而言之，这批信札，对于研究义和团运动、庚子事变、清末官场世情心态及张亨嘉本人都有多方面的价值。

事实上，这批信札曾一度引起学术界的注意。1962 年，邵循正先生组织编辑《义和团运动史料丛编》（第一辑，1964 年中华书局出版）时就从这部信札中选录了集中反映八国联军抢劫与和议史实的 10 通书信，加以标点和简单注释，题名《徐琪等与张亨嘉书》。“编者按”中说：“《徐琪等与张亨嘉书》原件，北京图书馆藏。原题作《庚子事变手札》。册中粘贴徐琪、恽毓鼎、李希圣等与张亨嘉信札一百五十余件，我们只选录了十件。”（第一四四页）这说明当时这部信札已经是现有装裱形态，并告诉我们，在入藏故宫博物院之前，它是北京图书馆的藏品。只是所说信札数量不确，这一差异，来自文献上附加的信息。第一卷封面铅笔标注有“第一卷三十八篇”，“共一百五十七篇”字样，应该是图书馆入藏时标注的。这就是“一百五十余件”说法的来源。但这里的“篇”不是信札数量，而是装裱后的页码。所以，统计数量差误应该是当时没有仔细辨识区分的缘故。可惜的是，当时学者关注的焦点是“帝国主义侵略军的残暴罪行”，围绕该主题只少量公布而未能全部整理刊行，史学界因而错过了全面认识和利用这部信札多方面价值的机会。

今当全部信札整理面世之际，六十年前留下的遗憾可以就此终结了。

张永江

2021 年 12 月

VIII

庚子事变手札
整理

IX

整理例言

一　信札采取原件影印与释文对照方式排版，方便读者对读。

二　为方便排版，释文的行款格式与原件不同，断句采用现代标点符号。

三　原文错字、俗字以（ ）方式标出正字，信中他人批注文字也别为标注。

四　原文中漫漶不清或字迹潦草、无法辨识之文字，用□标注。

五　原文中文字存疑之处，用（？）标注于后。

六　原文中疑似漏字之处，用〔 〕标注所漏文字。

七　个别信笺上有多封信札，在影印原件上方加标线注明。

八　信中出现的人名字号及不易理解的专名，尽量加以注释，并编制“人名字号索引”附于书后。

九　信札涉及的重要史实，见于其他档案、文献记录者，以注释形式另行录出，以为印证。

十　信札原无目录，书信作者、日期不详或缺失者，依据信札内容、信札间逻辑关系及其他可征事实推定标出，并按序编制全书目录。

目录

庚子事变手札

〔整理〕

徐琪[1]致张亨嘉[2]信札

光绪二十六年五月

手教敬悉，画卷遵奉上，祈登入转交。连日为公作扇，已大略毕工，但未设（？）色，约二三日必可报命。廉州[3]画实不真，且沈姓所望太奢，万不必买。缘（？）公遇我厚，不敢受人托而相诳也。若他人存玩，得托必从耳。事成之于弟，未尝无利焉。一笑。此复，敬叩

侍安

云泥两浑[4]
即刻

1　徐琪（1849—1918），字花农，浙江杭州府仁和县人。光绪六年（1880）中进士，授翰林编修。光绪十七年（1891），出任广东学使。三年任满回京，官至兵部侍郎、南书房行走。后遭弹劾免职。民国三年（1914），为袁世凯政府参政。工诗文，善书画。著有《粤轺集》《粤东葺胜记》《岭南实事记》等。时任礼部左春坊左庶子，庚子年徐琪与张亨嘉均兼南书房行走。见北京大学历史系近代史教研室编：《义和团运动史料丛编》第一辑，《徐琪等与张亨嘉书》，北京：中华书局，1964年，第144页。

2　张亨嘉（1847—1911），字燮钧，福建侯官人。光绪九年进士，选庶吉士，授编修。二十六年夏，亲贵大臣信拳民有神术能攘外，饰词入告，上疑之，命亨嘉察视。亨嘉知其不可恃，条上弭衅机宜甚悉，疏甫入而乱作。西狩还，独先赐用，徙大理寺卿。光绪三十一年十一月壬子，以光禄寺卿张亨嘉为都察院左副都御史；光绪三十一年十二月甲子，以都察院左副都御史张亨嘉为兵部右侍郎。戊申（光绪三十四年）归里。议遵奏案设存古学堂，手订章程数十纸，当道任筹款兴办。痴癖书画收藏，多国朝名家大小千百事，宋元人仅百一二，以为岁月绵褫，非来历真确者，不敢有也。宣统三年正月二十日，张亨嘉因为痰涌，无疾遽薨，享年六十有四。伊子张如亶著以主事用。娶闽县王氏奉一品夫人，先公卒。长子如忭早卒，次即如亶。妣黄氏赠一品太夫人。据周骏富主编：《清代传记丛刊》，《清史稿列传》五，台北：明文书局，1985年，第553页；《清代传记丛刊》，《碑传集补》一，陈衍《礼部左侍郎张公行状》，第406页。

3　廉州即王鉴，世称王廉州。

4　非具体人名。为写信、彼此相知之意。后署“两知”者意同。

手教敬悉，畫卷已送上，祈
察入。轉交達君為
公作之扇及大一張畢工，但未設色，約二三百兩子銀
命齋與實不真，且此種所出之畫，高不可買，承
公過我，厚不致受人託而抑謝，此等他人亦能仿，恐從了
憂感之極，前來意在利焉，一心矣，此候叩
侍安
台綏　弟　叩　渾

徐琪 致 张亨嘉 信札

光绪二十六年五月二十日

张大人：

王元照画[1]，昨与王世兄熟商，为沈世兄作书。据云必须候沈君回京方可代谋。此时专函劝其卖画，是必不谐之事也。一切琐词容更面谈。总之，此画尽可留挂，尊意以供赏玩，又何须必得始为适意耶？老矾（？）真苏面，只觅得五枚。弟处有旧藏宽页者，可起入三四枚，未渎合用否？前扇两把先行奉教。手此，敬请

燮公我师侍安

小弟一得　顿首

长至日

1　见《烟峦水阁图自识》：王鉴字玄照，避康熙帝讳改字元照，一作圆照，号湘碧，别号染香庵主、弇山后人。江南苏州府太仓州人。生于明万历三十七年。南京刑部尚书王世贞曾孙，吏部员外郎王士骐孙。幼喜绘事，熟习董源绘画，师法黄公望。

王元照畫昨与王芝庭商為沈世兄作書據云西屋係沈君
回京方可代謀此時青函勸其棄畫是否不諧之事也一切
瑣何需更畫後從之此畫僅可留挂
耳至以供書頭又何須必得名高之意耶　老樹真蘇
畫只宜作五枚再更古舊藏寬巨者可張八三四枚來請
公閱留為高而把先日命　教之此請
燮公轉師　鈞安　小弟頓首
張大人
長子

徐琪致张亨嘉信札

光绪二十六年五月二十一日

张大人：

昨看元照画，实非精品，万不必留。缘（？）垂询不敢不以实告也。吴画奉缴，祈登入。可挑处，尚不止四船之用，笔款即不堪入目矣。一笑。拙画便面三页，此时已无用处，乞掷下以便临摹为叩。此上，敬颂

燮公我师侍福

小弟一得　顿首

廿一日

昨奉六紙畫實非精品萬不必留存

垂詢不敢不以實告也其畫有微瑕

購入可挑選者不止四幅之間宋紙即不堪入目

矣一笑拙畫便面三支此時亦無用處也

擲下以便明暮爲叩此上敬候

慶公館師

侍福

張大人

小弟儒頓首 廿日

徐琪致张亨嘉信札

光绪二十六年五月二十一日

兄见之否？报则未刻也。退直，知兄演礼未至，访至絅兄处，答以入直。告以在内未见，则曰昨出门未回。门口二婢，一粗仆耳，未知在何处。甚悬悬。早间平直门外一教堂又大乱。今日若枢垣有所问及，署中有送来谕旨，乞示悉。

兄亲承顾问，当有以维持弟等。不早言有大栅栏之变，再迟奈何。今日五城有奏也[1]。唔陈玉苍[2]同年，盍（盖）以切要告之。此请

燮钧仁兄大人韬安

如弟心　顿首

廿一[3]

1　见中国第一历史档案馆编：《光绪朝上谕档》，第二十六册，桂林：广西师范大学出版社，1996年，第136页。“光绪二十六年五月二十一日，内阁奉上谕：五城御史文琛等奏，京城地面情形日亟，请安民心而弥祸变一摺。着派李端遇、王懿荣为京城团练大臣会同五城御史督率弁勇严密稽查，加意巡逻，城门出入亦按时启闭，以靖闾阎。钦此。”

2　即陈璧。见沈云龙主编：《近代中国史料丛刊》第一辑，《望岩堂奏稿年谱》，台北：文海出版社，1966年，第13–18页，第20–21页。“陈璧，咸丰二年（1852）六月十九日生于福州城外之苏坂乡孝友第。讳璧，字玉苍，又佩苍、雨苍，晚号苏斋，福建闽县人。光绪九年癸未，三十二岁，迁寓椿树头条胡同。光绪二十六年庚子，陈璧四十九岁。二月陈璧担任巡城御史，奉旨巡中城。闽中同乡眷属之未离京者，聚居烂缦胡同、湖南会馆共十二家。公竭力保护，咸得安堵。二十三日，公骑马衣冠巡于市，并出示晓谕居民，谓和好在即，官商居民照常安业，人心因而初定。仓卒无纸笔，取张燮钧亨嘉太常御赐之宣纸、朱墨，以供用。又联在京同僚三十三人，电请全权大臣李肃毅伯鸿章速来京，以定人心”。

3　当为光绪二十六年五月二十一日。

兄思之委托照集刻也，迺吾知

兄處新集已訪至網兄處簽以四本，告以行內集見

劉田坡石門東興山口二碑，一概候尊處新籍何當

甚感之

兄親承

早聞年來以和一函老夫去派

今日寄 擬續前所得因 聚中奉還

諸容之 仁堂

願將舊著以續輯，弟等不早之有去栅欄之舊存

今日方城古存也

遂承何時陳玉蒙四月嘉以切雲先生此詩

並刊於之人將之如第不可也

徐琪致张亨嘉信札

光绪二十六年五月二十日

大栅栏大火延烧观音寺[1]，拳不令救，幸武卫持水龙返，或可中止。顷小女来言，黄文陶奉传与六部九卿并往。兄必前去，有何所闻？若内廷须往，弟亦须前去也。乞示知。此请

燮钧仁兄大人台安

如弟琪　顿首

二十日

1　见北京大学近代史教研室编：《义和团运动史料丛编》第一辑，《恽毓鼎庚子日记》，北京：中华书局，第49页。“六月二十日……拳民纵火焚大栅栏老德记，蔓延四方，观音寺街、煤市街、珠宝市、廊房头二三条、西河沿（东半截）、东西月墙、东西荷包巷、打磨厂、鲜鱼口，俱付一炬”。

評伯仁兄大人 [illegible] 侍右

吉也乞

承教無諱

項崧

生再拜 [illegible]

太翁閣 老伯 遲賜觀 言 吾輩不在 故 [illegible]

衡撰求詠 [illegible] 中山 須 安 乘 之 [illegible]

陶亭侍 [illegible] 卿 永 祀 華 練 [illegible]

又有何所 [illegible]

徐琪致张亨嘉信札

光绪二十六年五月二十一日

刻布一字，想察及。会议事如何[1]？乞详示为盼。此请

燮钧吾兄大人韬安

伯母大人前请问安

如弟琪　顿首

即刻

1　此指光绪二十六年五月二十日的御前会议。见《清德宗实录》卷464，光绪二十六年五月庚申。“（五月庚申）未刻忽奉谕旨：着王、公、贝勒、大学士、六部九卿伺候召见。仓促乘车由宣武门入西长安门，至西苑，皇太后、皇上召见于仪鸾殿。入对者约四十人”；又见恽毓鼎：《恽毓鼎澄斋日记》第二册，《崇陵传信录》，杭州：浙江古籍出版社，2004年，第786页。“亨嘉力言拳匪之当剿，但诛数人，大事既定。张闽人，语多土音，又气急，不尽可辨”；又见《光绪朝上谕档》，第二十六册，第136页。“谕军机大臣等：拳民仇杀教民肆行无忌本应严行剿办。本日召见世铎、奕劻、讷勒赫、溥伟、载沣、魁斌、载勋、载漪、那彦图、载滢、载濂、载润、荣禄、昆冈、刚毅、王文韶、立山、崇绮、启秀、敬信、崇礼、廖寿恒、徐用仪、赵舒翘、松溎、裕德、怀塔布、崇光、溥善、英年、溥良、景沣、那桐、溥兴、寿耆、联元、崇寿、葛宝华、陆润庠、陆宝忠、陈学棻、溥静、陈秉和、朱祖谋、秦绶章、黄思永、贵昌、孚琦、铁良、刘永亨、袁昶、许景澄、荣惠、曾广汉、会章、恽毓鼎、文海、范广衡、荣庆、王福祥、崧杰、长萃、张亨嘉、吴廷芬、恩顺、崇勋、徐会沣、常明、曾广銮、梁仲衡、溥金滟闰等。沥陈愚民无知。姑开一面之网。即著责成刚毅、董福祥一面亲自开导，勒令解散。其有年力精壮者，即行召募成军，严加约束。该拳民既以义勇为名。如足备折冲御侮之资。朝廷原可宥其前愆，以观后效。究竟该拳民临敌接仗，有无把握。世铎等须细加察验，谋定后动，万不可孟浪从事。将此各谕令知之”。

刻本一字想
照及含議事發乞
詳示為感無計
敬何至之人鄙之

如弟璜基頓首

留去久否請即

徐琪致张亨嘉信札

光绪二十六年五月二十一日

闻膺[1]攻西什已两日，伤者甚多，而仍系相国督队[2]，此何谓也？尊处今日何所闻，仍求示悉。

两知

1 此处省略“义和团民”。

2 见中国社会科学院近代史研究所《近代史资料》编辑组（编）:《义和团史料下》收录继昌 :《拳变纪略》，北京 : 知识产权出版社，2013 年，第 559 页。“（光绪二十六年）五月十九日，团与董军合攻交民巷各使馆，又与虎神营合攻西什库教堂。刚毅在军机处见火起，出院叩头谢神。是日傍晚，皇太后微服乘车，皇上微服步行还宫，枪炮声昼夜不绝，命载勋、刚毅统率团众，副以英年、载澜，赏米银以奖励。缮旨时，刚云是义民，不同饥民，不可用散给字样，措语须得体”。

廿

何乃瑩

聞膺攻西什已兩日傳出甚多而仍係相國督隊出何謂也

学受今日行所聞仍求

示悉　兩知

徐琪致张亨嘉信札

光绪二十六年五月二十三日

今日召对后情形如何？闻西北又有烟痕，是西什库否？极悬悬也。乞详示。若此时召对未回，回时务赏一信，以慰悬悬。闻紫竹林全焚，确否？ 此请

燮均仁兄大人鉊安

如弟琪 顿首

伯母大人[1]前请安

廿三[2]

1 书信所问伯母大人即是张亨嘉母黄氏太夫人，寿享百岁。

2 此处应为五月廿三日。据高枬《庚子日记》，台北：台湾学生书局，1973年，第9–10页。光绪二十六年五月二十一日所载“又闻那桐昨日廷议时，老佛爷指天上烟痕曰：‘你看这如何办？’曰：‘洋军要来，你能阻止否？’曰：‘能，还有许景澄亦能，乞同派往’”。据此推断，书信时间当是五月二十三日。

启

昨别后，甚形为念，何间两承手书，烟霞是

兴，并承要移驾也，已详示矣。

兴，先生来回之时，独贵府以金玉。

兴诗，闻此行林屋佳处。

承何以之，人人粮弟周顿首。廿三

孙世兄之人均此致意。

未详致张亨嘉信札

光绪二十六年五月二十三日

昨归后方寸稍有生机。今日未入直，不知老前辈何时散直，消息如何？有无封奏，有无大起？仁和相国[1]？昨至彼馆后情形，与夫立尚书诸公[2]归否？均乞详示。千万千万。敬上

燮老前辈大人

侍名心　顿首

廿三

1　仁和相国，所指乃是王文韶，清末大臣。见《清国史王文韶列传》，嘉业堂抄本第11册，北京：中华书局，1993年，第987页。“王文韶，浙江仁和人，咸丰二年进士，以主事用，签分户部”。

2　立尚书诸公，所指应该是户部尚书立山、总理事务衙门大臣兵部尚书徐用仪、内阁学士联元。见恽毓鼎：《恽毓鼎澄斋日记》第二册，《崇陵传信录》，第786页。“（五月）二十一日未刻，复传急诏入见，申刻召对仪鸾殿。……于是命徐用仪、立山、联元往使馆，谕以利害，若必欲开衅者，可即下旗归国。立山以非总理衙门辞。上曰：‘去岁各国使臣瞻仰颐和园，非汝为之接待？今日事亟，乃畏难乎？’太后怒曰：‘汝敢往，固当往；不敢往，亦当往。’”

昨歸後方寸稍有生機今日來函

直不知

老爺望何時散直消息如何 有兵封兵有兵大起 和相

國昨至使館後情形與袁立為書法公

歸否均乞筆示千萬千萬弦上

夔老前輩大人節安 廿三

太歲在戊戌明年二

後二十四戊戌

浣花屬復盦鈎龍顏碑字

徐琪致张亨嘉信札

光绪二十六年五月二十四日

甚雨（？）未能出探（？）。今日情形，公有所闻否，乞示一二，至感。

两知

關冕鈞

甚爲未能出操今日精力公之所聞也

示二五箋

知會中只有鐵路規復，加之津城及鐵路江海等我字之遠

勿無要了莫明意旨也

徐琪致张亨嘉信札

光绪二十六年五月二十四日

知会中只有饬裕规复，驰赴津城[1]，及饬沿江海筹战守二道[2]。余无要事，莫明意旨也。

1 见沈云龙主编：《近代中国史料丛刊》第二辑《义和团档案史料》，台北：文海出版社，1983年，第153页。"军机处寄直隶总督裕禄上谕（光绪二十六年五月二十三日）军机大臣字寄直隶总督裕，光绪二十六年五月二十三日，奉上谕：据裕禄奏，各国洋兵欲行占据大沽炮台一摺。事机紧迫，兵衅已开，该督须急招义勇，固结民心，帮助官兵节节防护抵御，万不可畏葸瞻顾，任令外兵直入。设大沽炮台有失，定惟该督是问。兵机顷刻万变，朝廷不为遥制，该督若再贻误，试问能当此重咎乎？将此由八百里谕令知之，钦此。遵旨寄信前来"。

2 见《近代中国史料丛刊》第二辑《义和团档案史料》，第157页。"军机处寄各省督抚上谕（光绪二十六年五月二十四日）。军机大臣字寄各直省督抚，光绪二十六年五月二十四日奉上谕：近日京城内外拳民仇教，与洋人为敌，教堂教民连日焚杀，漫淹太甚，剿抚两难；洋兵麇聚津沽，中外衅端已成，将来如何收拾，殊难逆料。各省督抚均受国厚恩，谊同休戚，事局至此，当无不竭力图报者。应各就本省情形，通盘筹画……沿江沿海各省，彼族觊觎已久，尤关紧要。若再迟疑观望，坐误事机，必至国势日蹙，大局何堪设想。是在各督抚互相劝勉，联络一气，共挽危局。事势紧迫，企盼之至。将此由六百里通谕知之，钦此。遵旨寄信前来"。

關冕鈞

甚爲未能步探令日請刊 公大所閱悉

示二三函箴

知會中只有銀號規復總之津城及銀以江海籌我守之道

似無要了莫明意旨也

徐琪 致 张亨嘉 信札

光绪二十六年五月二十五日

顷归，奉示祗悉汪君[1]所谓，大奇。即指紫竹林及二艘事[2]。日来士大夫以奉为可信者，日多鄙见，真无所适从也。明日公入朝否？侍拟再偷懒一日，想无不可。敬上

燮老前辈大人

侍右 侍名　顿首

1　即汪诒书（1865—1940），湖南人。进士出身，历任广西、山西提学使。

2　见《光绪朝上谕档》第二十六册，第 142 页。“光绪二十六年五月二十五日，内阁奉上谕：裕禄奏洋人肇衅，猝起兵端，连日接仗获胜一摺，览奏实深嘉慰。我华与各国和好有年，乃因民教相仇之故，竟至决裂。恃其坚甲利兵，攻我大沽各炮台，又由紫竹林等处分进。复经我义民竭力相助，以血肉之身与枪炮相搏．二十一、二十二、二十三等日，击坏兵轮二艘，杀敌不少，众志成城”。

頃埠 奉

示祗悉 注及所語大奇 印歲賴鬱林及

二勝事 日來士大夫以奉香雅爲壽毋日

多 勸見先生而遮屋成眼攙茂

公入錄而付儀再徐瀾諧首摺爲究不承狀上

變老峯大人 侍右 付名

齋樵伊朋拜

合龍碑字

徐琪致张亨嘉信札

光绪二十六年五月二十六日

正欲奉行，以送信无人稍迟。得手书，承念不已。昨日出城，如十九然，今早至中途而门闭，炮声隆隆，亦复折回。闻东江米巷已一扫而空。紫竹林已烧数日，津海关道署被拆，洋兵未登岸，炮台幸共守[1]。有客自天津至京，云“津大乱，京尚平静也。”桂南屏[2]家眷皆折回。似此情形，至东华，颇费事矣。尊见字后，乞示知。后日进门，弟等皆云“进而门闭可也”。官书局栗栗可怜，现将洋书俱上街焚之。默祈神佑，闻可邀免矣。此请

燮均仁兄大人轺安

如弟琪　顿首

伯母大人前请安

廿六[3]

再，弟恐街面不靖，向玉苍同年请得一告示[4]贴门上，兄若要可问取也。弹压之事耳。

1　由信中“紫竹林已烧数日……洋兵未登岸，炮台幸共守”等语，可以推断该信的写成日期当为五月廿六日。

2　即桂坫，庚子事变时桂南屏为顺天乡试磨勘官，国史馆协修官。名坫，字南屏，广东南海人，邑廪生，光绪辛卯科恩科进士，改翰林院庶吉士，未散馆，钦定一等第三名，授翰林院检讨，派充国史馆协修。（见顾廷龙主编：《清代朱卷集成》卷345，台北：成文出版社，1992年，第392页）官至浙江候补道署严州府知府，著有《南海县志》。见周骏富编：《清代传记丛刊》《词林辑略》，台北：明文书局，1985年，第522页。

3　廿六日，当为光绪二十六年五月廿六日。

4　告示内容：“洋兵入城，和好在即。居民官宅，各安生业。匪徒抢掠，格杀勿论，拿到送城，立即正法。”见沈云龙主编：《近代中国史料丛刊》第一辑，《望岩堂奏稿年谱》，台北：文海出版社，1966年，第20、21页。

山农左右：以长孙夫人病逝后
来书，欣悉。昨日出城，以十九号今早到申
途而行，闻欲游各处，不愿听回，因东江米荒
之一带而游。紫竹林近戏数日，建海陶益速四
敌，拆岸尽未能尽书，春尽，其宁前
东日津至京，至津大乱京，为年静
也。桂南归家养好，拆回，似此情形

至左右　鄙意肆言
若见字后，尚祈倍日速由尹等出云
速而问润来，冥看尚空，可惜现时洋尽
但上街，甚且难补，神伤阅不能速见矣
此请
感行风人大人　听之
山亭继之　　艾以

有中邮河西下请向　五萧行年……

徐琪致张亨嘉信札

光绪二十六年五月二十七日

顷忽有传言，大沽炮台复失[1]，确否？恐系教民摇乱军心，兄必知其详，乞示知。明早似可不入直也。此请

燮钧仁兄大人台安

如弟琪　顿首

廿七

1　见沈云龙主编：《近代中国史料丛刊》第二辑《义和团档案史料》，台北：文海出版社，1976年，第164–166页。五月二十五日，裕禄奏摺："现据升任喀什噶尔提督、天津镇总兵罗荣光禀报：本月二十亥刻……所有失守台垒之大沽协副将韩照琦，营官卞长盛、李忠纯，暨该提督自请治罪之处，相应奏明请旨"；又见胡思敬：《退庐全书》，《驴背集》，卷1，民国南昌序刊本，1924年，第13、14页。"敌兵攻夺大沽，毁炮台，焚子弹库。罗荣光以忧死，天津危在旦夕"。

頃見有傳言夫淡殺人，復失顧要，但何
夫民據氣筆心
先生叙自撰也，亦叙非早，似不大支一
也。此評
二哥何以使之天人
之之
如弟[illegible]首
[illegible]兄

徐琪致张亨嘉信札

光绪二十六年五月二十八日

榆关之说，有此念乎，抑已行乎？乞示。为弟今日未入直，心乱如焚矣。此请

燮钧仁兄大人台安

伯母大人行止如何？念及。

如弟琪　顿首

廿八

橋閣之說，有此底事，擬託鄰舍訪
尋了原集，乃古人敦如林之流
此詩
乘至有作在之乎無所
作在古人紙，但如紙底及

弟黄道周頓首　廿八

绍昌致张亨嘉信札

光绪二十六年五月三十日

示悉。闻奏内有缉匪一条，已奉俞（谕）允[1]。如此则日内必有举动，启行自宜斟酌万全。今早通西仓监督刘君[2]（户部）眷口出城，行至珠市口，遇武卫军与团民争道互斗[3]，不肯放行，竟为团民全数截回，大受危险。幸而得免，真天荆地棘也。和好如成，则要挟愈多且愈甚。然战守皆无把握。谁生厉阶，至今为梗，可长太息。少迟再当趋叩（呕水少可，而家人皆患病）。复叩

钧安

名心　叩禀

1　见《光绪朝上谕档》，第26册，第461页。“光绪二十六年五月十二日内阁奉上谕：前因近畿一带拳民借端滋事，人心浮动，迭经谕令严行查办，乃近来京畿地面往往有无籍之徒三五成群，持刀械游行街市，聚散无常，若不亟行严禁，实属不成事体。步军统领衙门、顺天府、五城均有缉捕匪徒，稽查地方之责，岂容此类麇聚辇毂，纷纷扰攘，摇惑人心。除谕饬管理神机营、虎神营、王大臣将所部弁兵全行驻厂并遴派马步队伍，各按地段昼夜梭巡，倘有匪徒聚众生事，即行拿办外，并责成步军统领衙门、顺天府、五城，严饬该管营弁兵役人等，各分汛地严密巡查，遇有形迹可疑及结党持械造言生事之人，立即严拿惩办，毋稍疏纵，以消乱萌而靖地方，钦此。”

2　即刘恩溥，官至仓场侍郎。

3　见宋廷模等：《庚子事变史料四种（外一种）》收录《京师日记录要》，南京：凤凰出版社，2018年，第9页。“五月三十日。是日武卫营入正阳门，约二三百人，由杨村调来者”。

示悉聞奏內有緝匪一條已奉　俞允如此則日內必有舉動啟行自

宜斟酌萬全今早通西倉監督劉君(戶部)眷口出城行至珠市口遇武衛

軍與團民爭道互鬥不肯放行竟為團民全數截回大受危險幸而得

免真天荊地棘也和好如成則要挾愈多且愈甚然戰守皆無把握誰生

厲階至今為梗可長太息少遲再當趨叩　嘔水少可而家人皆患病　復叩

鈞安名心叩稟

徐琪致张亨嘉信札

光绪二十六年六月二日

张大人：

午间高轩莅止，畅谭为快。伪吴画须明日下午奉缴，不迟否？拙仿清晖[1]四屏，如先生不看，即乞掷下，有借稿处耳。顷闻新购扇面四幅山水，能赐下一观否？此颂

燮公侍福

小弟一得　谨上

初二日

1　指王翚（1632—1717），字石谷，别号耕烟散人、清晖老人、雪笠道人等。

午間
高軒莅止，暢譚爲快。借吳畫原擬日下午奉繳，
不遑屢擬倣清暉四屏，如
先生不肯即乞　擲下，有借稿處可洽商。
新購唐畫四幅山水絹，
賜下一觀，至此紉。
夔公　侍福　世弟孫謹上
張大人

翊云

徐琪 致 张亨嘉 信札

光绪二十六年六月三日

张大人：

示我扇面三个，皆真迹而非精品。李韵湖本弟熟人，其眼力亦平平耳。吴画（已勾稿存之）仅摹此一纸，生纸不受染，此用半熟纸，未免太滑，故不肯更作。若先生以为可玩即请留之，裱时必须染旧为要。廉州画请先交原手。为觅不着佳轴，必以此幅充，如弟力能致之，断不相诳也。手此，敬请

燮公我师侍安

小弟一得　顿首

初三日

示我扇面三分皆真迹而非精品李謙湖本甚真

人其眼力亦平平耳 吳畫（已自裝存之）僅摹此家生前者受

染此用筆越密未免太滑故不甚更作蕉

先生以為可玩即請留之猿時不須漢舊為安處

倘畫請先交原手可見不善者從軸不必以此幅完成弟力

錢殘之數亦相遜也手此段請

璧公我師侍安 弟頓首

張大人

丙二月

徐琪致张亨嘉信札

光绪二十六年六月十日

两日未晤，教言甚念。仪叟[1]踪迹如何，公知之否？速成学士竟至秋曹[2]，何也？尊处日来有闻见否？侍但知召廷方伯[3]，设清江粮台（恽祖祁）[4]，令毓剿河间教民；电上海道商领事，递国书各节[5]。计均彻听。惟顷有人言香、岘二帅[6]商之各国，缓进兵轮，谓稍迟必有说法云云。此言公以为确否？肃叩

韬安

两照

初十

1 指李鸿章。

2 指翰林院侍读学士黄思永被囚禁事。见北京大学历史系近代史教研室编：《义和团运动史料丛编》第一辑《恽毓鼎庚子日记》，北京：中华书局，1958年，第55页。“六月初九日，黄慎之学士自通州归京，晚为团民所絷，拘之庄王府。后移送刑部，革职监禁。”

3 廷方伯即廷雍。爱新觉罗·廷雍（1853—1900），清宗室，字绍民，号画巢，别号溪山梦客、溪山野客，室名读不尽斋。时任直隶布政使，“命直隶布政使廷杰来京，以直隶按察使廷雍兼署布政使”（见《清德宗实录》卷465，光绪二十六年六月戊寅）。

4 见《近代中国史料丛刊》第二辑，《义和团档案史料》，第242页。“军机处寄各省督抚上谕，光绪二十六年六月初九日：著刘坤一于清江浦一带设立转运总局，委派前福建兴泉永道恽祖祁督办，将各处粮食妥筹采买，由内地水陆分运到京，以资接济。”

5 见沈云龙主编：《近代中国史料丛刊》第二辑，《愚斋存稿》第三十七卷，电报14，台北：文海出版社，1976年，第8页。“寄江鄂刘张两帅（六月初五日）。顷与英美日各领事面商，拟由道照会领事云前议尚未声明，将来如何办法之处，诚恐北方衅端更大，东南人心摇动，自应彼此再为声明。无论以后北事如何变端，上海及长江苏浙内地如各国政府允能所管，各省之内按照中外合约实力保护各国在各省之人民财产等语，并已将两帅断不更易之电交阅各领。允即电外部，请速电余道赶办照会，并请回电各驻使，愈速愈好。”

6 指张之洞、刘坤一。

兩日未晤
教言甚念
尊處日來有閒兄否
江標名悍祖之蘇勸以閩省民
郁
適國書多節計均徵
聽惟焰有人之來觀之帥甫之多國緩進兵論
語錄匯必有說法云云此文
幹安兩丑初十

儀甫踪跡如何
公知之否速成學士竟至於曹
何也
侍但知名廷方伯設法
電上海道爾須到
公何為確否肅叩

韻石擬漢韓仁銘碑額字芸林

徐琪致张亨嘉信札

光绪二十六年六月十二日

顷接兵部知会，山西学政刘[1]有六百里奏报一件，复有六百里廷寄一道[2]，殊为可怪。岂秀才造反耶？尊处今日何所闻，乞示悉。

两知

1 即刘廷琛。刘廷琛，江西九江府德化县人（见朱保炯、谢沛霖：《明清进士题名碑录索引》下，上海：上海古籍出版社，2004年，第1971页）。"光绪二十三年八月戊午。命……翰林院侍读姚丙然提督山东学政，编修刘廷琛提督山西学政"（见《清德宗实录》，卷四百八，中华书局1987年影印本，第328页）。

2 见沈云龙主编：《近代中国史料丛刊》第二辑，《义和团档案史料》第一册，台北：文海出版社，1976年，第264页。"军机处寄山西巡抚毓贤等上谕（光绪二十六年六月十二日）。军机大臣字寄山西巡抚毓、山西学政刘、护理山西巡抚李，光绪二十六年六月十二日奉上谕：刘廷琛等奏，请饬敷陈暂缓出省，以资镇摄一摺。前已有旨，令毓贤督队前往直隶献县黑风口剿办教匪。即着仍遵前旨，星夜前往，毋误事机。所有山西防守事宜，着责成李廷箫妥筹办理。将此由六百里加紧谕令知之。钦此。遵旨寄信前来。"

廿

夏敦復

頃接兵部知會山西學政劉呈六百里奏報一件復呈六百里

廷寄一道殊爲可怪豈秀才造反耶　尊處今日何所聞乞

示悉　雨生

徐琪致张亨嘉信札

光绪二十六年六月十七日

今日无要紧廷寄。早间宋帅来禀：十四日马军攻紫竹林失利，阵亡统领总兵李大川等[1]。幸次日宋军接应，得以收队。午间缮致英使一信。信由荣相带去，言明日方能送去，言为保护移居事[2]。顷炮声不绝，似仍系交民巷前后，不知是所闻大炮否？不相应，甚不可解。毓贤已尽杀晋省洋人，此亦将来一大账目也[3]。此复，即请

晚安

心 叩

1 见《近代中国史料丛刊》第二辑《义和团档案史料》,《直隶总督裕禄等摺》，第291页。“直隶总督裕禄等摺（光绪二十六年六月十六日）：……宋庆跪奏：为续报连日接仗情形，恭摺仰祈圣鉴事。……方将得手，乃洋兵避于墙垣之后，枪炮雨集，李大川中炮阵亡，营官守备孙祥云、游击苏豁然亦先后殁于阵中，弁勇伤亡甚多，力渐不支……”。

2 见《近代中国史料丛刊》第二辑《义和团档案史料》，第326页。“迳启者：昨晚接十九日复函，承询携眷出馆暂寓总署一节。……中国自应加派队伍，严禁团民不得再向各国使馆放枪攻击。而各国使馆亦不得随时任意放枪，致众怒愈难解释。中国仍尽力弹压保护，以符通例……”。

3 见高枏《庚子日记》，第154页。“六月十八日。昨日山西奏，全省教堂皆焚，教士教民皆杀净，枢臣启秀曰：办的痛快。毓清臣则言大同、忻州、浑源、托克托皆有教民仇杀、闻在省用计正法教士家口四十余人”。

今日無要緊廷寄，只聞宋帥來稟十四日馬軍攻紫竹林失利，陣亡統領提兵李大川等，并次日宋軍接應以收隊。午間議政甚久，一位（仍由崇相帶去，明日方能送去）宮內保護殺居事，須砲聲不絕，似係（仍）文民巷（不知是外國大砲否）前後不相應，甚不可解。聞說已盡殺晉省洋人，此亦將來一大賬目也。此覆即請

晚安

此時大彬作，光潤不及此，春雨精巧過之。伯禾

徐琪致张亨嘉信札

光绪二十六年六月十八日

至道路传闻，既未见邸抄，又未有知会，荣阳公又未遣人来，只好静以待之。弟只好仍守旧耳。早间以伯母大人为念，是以驰问。天宁寺现为甘军屯子药，不可居矣。兄所谓今日之事，仍希示悉为盼。手请

燮钧仁兄大人升安

伯母大人前请安

如弟心　顿首

十八

承箋復傳聞既未見邸抄又未有知
會於掌陽之友書遣人來告將以轉以待
之身共將候守舊耳弟以
竹安丈人未展當以郵聞更宜具詳說明
甘軍也子苦樂不可不極矣手訖之耶謂今乃奉行前之所作
二兩年有[illegible]大人所[illegible]十八
竹翁大人吾兄謹覆 如山頓首

徐琪致张亨嘉信札

光绪二十六年六月十九日

又闻贵州提督梅东益开缺[1]，放程允和[2]。直隶提督，放一吕姓者[3]，大约即马军分统。又闻马军十四日失利，伤总兵一员，游击等官两员[4]。

今日上谕文内，官已告假者，注销前资。未告假革[5]。此为整饬有方。余无紧要者。并请

台安

两浑

1 梅东益，字如筠，名东义、东益，安徽凤阳府怀远县人，由武童于同治元年投效鼎军右营。梅东益开缺事，见护理贵州巡抚邵积诚：《奏报护理贵州提督蒋宗汉到任接印日期并臣交卸暂护抚篆日期事》，"光绪二十五年十一月十二日奉上谕贵州提督著梅东益补授，未到任前以王毓藻兼理；光绪二十六年三月十九日召见，二十日奉上谕令梅东益暂留直隶，六月十九日奉上谕贵州提督梅东益著即行开缺"。军机处录副奏片，档号：03-5942-034，缩微号：445-1042，中国第一历史档案馆藏。

2 见贵州提督夏毓秀：《补授贵州提督谢恩请觐》，军机处录副奏摺，档号：03-5942-155，缩微号：445-1272，中国第一历史档案馆藏。光绪二十六年六月十九日内阁奉上谕，着梅东益即行开缺，时任四川松潘镇总兵员夏毓秀补贵州提督；四川松潘镇总兵员缺著程允和补授。

3 即吕本元。吕本元，安徽滁州人，初隶李鸿章军，随剿粤匪、捻匪。"光绪二十六年六月十八日，内阁奉上谕：直隶提督著吕本元补授"（见《光绪朝上谕档》，第26册，第195页）。

4 见《近代中国史料丛刊》第二辑《义和团档案史料》，《直隶总督裕禄等摺》，第291页。"裕禄奏：十四日夜，提督马玉崑亲率该军左路统领参将郭殿邦、右路统领记名总兵李大川，带领步炮兵六营，由老龙头火车站进攻，冀可毁其铁路。李大川率队鼓勇先趋，当将铁路夺占，郭殿邦随后接应。方将得手，乃洋兵避于墙垣之后，枪炮雨集，李大川中炮阵亡，营官守备孙祥云、游击苏豁然亦先后殁于阵中，弁勇伤亡甚多，力渐不支。适奴才宋庆督率后队接应，始得撤队。是役，探闻洋人死伤亦复相当"。

5 见《光绪朝上谕档》第26册，第195页。"光绪二十六年六月十八日内阁奉上谕：现在各部院衙门当差人员纷纷告假，殊属不成事体。著各该堂官查明，如未经告假私行出京人员，着即行革职。其已经呈递告假者，将来到署销假，著将各该员前资注销，以示惩儆，钦此。"

又聞貴省提督梅東益開缺放程允和直隸提督放一品推大約即馬

軍分統　又聞馬軍十四日失利傷總兵一員游擊等官兩員

廖三廉能

今日　上諭高燮曾已告假兵　請預前後來者

銀華　發由　務已修責分　領兵保營官守住民

又行再

面陳

徐琪致张亨嘉信札

约光绪二十六年六月十九日

半亩方塘[1]闻昨已入城，今日必见面，未知有何卓见。仪叟十九日复有六百里一摺[2]，仍由山东拜发，未知何事。尊处今日如有所闻，仍求示悉。

两知

1 此处指王鹏运。王鹏运，字幼霞，一作佑霞，自号半塘老人，晚号半僧、鹜翁、半塘僧鹜，广西临桂人。时任礼科给事中。

2 该摺内容为李鸿章领衔，张之洞等会奏摺。寄东抚袁慰帅。（见国家清史编纂委员会编：《李鸿章全集》第27册，电报7，合肥：安徽教育出版社，2008年，第126页，《南洋刘来电》，G26-06-163。）

廿

徐定超

半畝方塘閒咋已入城今日必見面未知是何卓兄儀叟九日復呈

六百里一楫仍由山東轉發未知何乃　等要今日如是府閱何求

西知

示悉

徐琪致张亨嘉信札

光绪二十六年六月十九日

顷闻窦使复文，词甚凌辱[1]。现再拟一书，明日投去。不知此书系何语气，公见之否？

1 见《光绪朝上谕档》第 26 册，第 200 页。"昨晚接到各处信电未及恭录谨先呈览：裕禄宋庆一函，刘恩溥一函，窦纳乐一函，李鸿章一电，盛宣怀一电"。又总理衙门本日曾有致各国使臣照会，不具日期，大致内容为数日来围攻使馆，局势进一步恶化，总理衙门各使商议尽请其分批出馆，前往总署避难。

总理各国事务奕劻等给各国使臣照会（光绪二十六年六月□日）

迳启者：旬日兵团交斗，彼此消息无闻，殊深悬系。日前曾悬旗相告，以通消息。惟不意洋兵仍复攻击，置之不理。昨由营获住教民金四喜一名，讯知各国贵大臣等起居无恙，不胜欣幸。惟变生意外，续来洋兵早被拳民阻回，若仍照前约保送贵大臣等出都，津沽一带团民甚多，深恐疏虞。今请贵大臣等先携宝眷率领参赞翻译各员分起出馆，本爵大臣等拣派妥实兵弁严密防护，暂寓总署，嗣后再做归计，以全始终睦谊。惟出馆时，万不可携带持枪洋兵一人，免致兵民疑忌，变生不测。贵大臣等如肯相信，以明日午刻为限，令原人将复文送到，以便预定保护出馆日期。此乃本爵大臣于万难设法之中筹此一线全交之路。若过时不复，则亦爱莫能助矣。（见《近代中国史料丛刊》第二辑，《义和团档案史料》，第 326 页）

六月十九日，英使窦纳乐复奕劻、荣禄，拒绝移寓总署。（见郭庭以：《近代中国史事日志》，下，北京：中华书局，1987 年，第 1087 页）

六月二十三日，庆亲王奕劻等致书各国公使，仍请暂避天津，力任保护，由宋庆、孙万林两军护送，否则设有不测，不能任责（英使拒绝，此英使即窦纳乐）。（见《近代中国史事日志》下，第 1089 页）

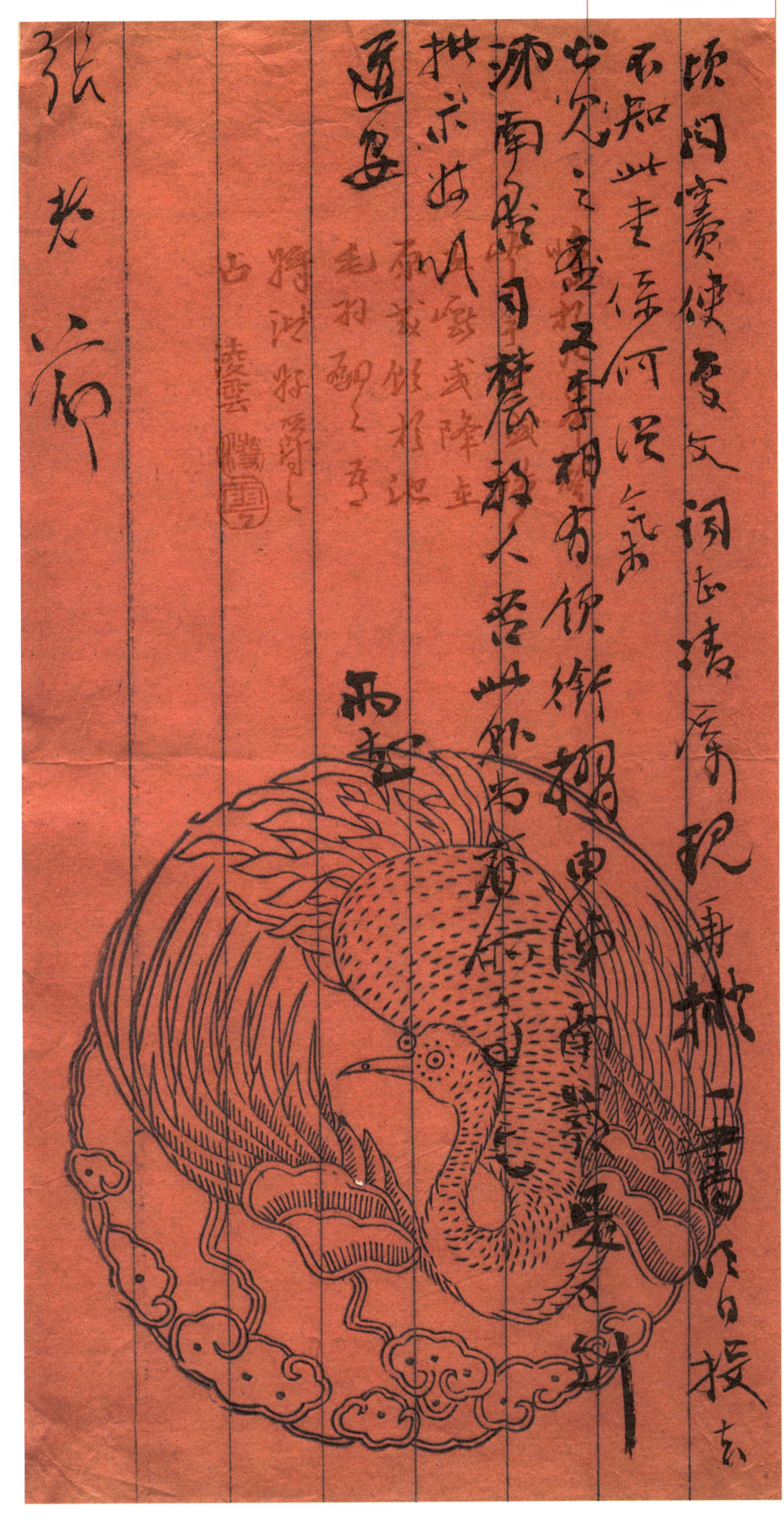

頃閱賓使覆文，詞甚清厲，現再擬一書，明日投去，不知此書係何口氣耶？

公見之否？又李相有飭衛[illegible]東[illegible][illegible]之舉，

浙南局月[illegible][illegible]人，皆此外尚有何[illegible]也，

批示為叩，

道安

兩[illegible]

張老前

徐琪致张亨嘉信札

约光绪二十六年六月二十日

手示敬悉。子（?）云先生何修获此？阁下虽不得其详，愿闻其略，以释疑团。此缺已放人否？此外如有所闻，亦乞示知。

两浑

手示敬悉子雲先生何修獲此
閣下雖不任臣詳慮門第以釋疑團此缺
放人吾生外為吕所
罔知也
示知
兩澤

徐琪致张亨嘉信札

约光绪二十六年六月二十日

顷接友人来函，特呈览，恐仍系官样文章耳。阅后仍发还。尊处如有所闻，亦乞示悉。

两知

倪恩

頃接友人來函，特呈
覽，恐仍係官樣文章耳。
逕
等要去已所閱，亦乞
示悉。
兩恕

陶浚仍若

徐琪致张亨嘉信札

光绪二十六年六月二十日

今日弟归途赴崇公[1]宅道喜[2]。已迁去，不知所之，而其第变作膺坛[3]矣。督办军务者，乃不能自庇其家[4]，真是咄咄怪事。阁下如探有新事，仍乞示悉。

两知

1 崇公即崇绮。崇绮，光绪二十六年正月，署翰林院掌院学士。三月，授正红旗汉军都统。六月，授户部尚书。

2 道喜事，应当是为崇绮授户部尚书事。见《光绪朝上谕档》，第 26 册，第 198 页。“光绪二十六年，六月二十日，内阁奉上谕：户部尚书着崇绮补授，钦此。”

3 即义和团法坛。

4 督办军务，指崇绮与徐桐等人受命督办京师军务。见中国第一历史档案馆编：《庚子事变清宫档案汇编》，第一册，北京：中国人民大学出版社，2003 年，第 135 页。“五月二十二日军机大臣面奉谕旨，京师现办军务，著派徐桐、崇绮与奕劻、载漪并军机大臣会商一切事宜。钦此。”

今日本兩途赴崇公宅道喜，已遷去，不知所之，而其第變作廣壇矣。情
出單疲甚，乃不能自底安家，真是咄咄怪事。
閣下若撥冗訪否，仍乞
示悉。
兩忱

徐琪致张亨嘉信札

光绪二十六年六月二十一日

顷阅仪叟十八之摺，系与岘帅会衔，专主礼用之说[1]。已奉俞（谕）允，并有明发[2]。机局大转，亿兆苍生之福。阁下如晤春翁[3]，请再将详细示知。

两浑

1 见《李鸿章全集》第27册，电报7，第126页，G26-06-163。"南洋刘来电（光绪二十六年六月十八日）。奉真酉电，展转筹思，此事商缓多窒碍，暂还既无款，亦太冒险，惟有遵钧谕，照香帅意电奏，以冀万一。稿请傅相斧削后，径电袁慰帅代具摺，用六百里加紧奏，似较保定转总署为妥。奏稿及联名如下，奉寄谕：各省认还洋款，著即暂行停解等因。钦此。目下中外兵端已开，臣等惟有钦遵，力筹战守，断不敢存'和'字于胸中。臣等再四思维，拟恳天恩，俯念此时保疆以练兵为急务，筹饷以商贾厘税为大宗，洋款若停，牵动内地厘金，亦迫华民生计，转于饷需有害，京饷及北上诸军饷项无从接济，关系尤大。可否饬下户部，通盘筹计，俯准暂行仍照旧案解还，以保饷源而维全局。俟数月后，体察大局情形，再行请旨办理。臣等未敢擅便，谨据实核计声明，请旨遵行。李鸿章、善联、刘坤一、张之洞、奎俊、丁振铎、袁世凯、王之春、松寿、刘树棠、德寿、聂缉规云。坤咸"。

2 见《近代中国史料丛刊》第二辑《义和团档案史料》，第417页。"大学士李鸿章等摺（光绪二十六年七月初六日）：太子太傅大学士臣李鸿章、太子少保两江总督臣刘坤一跪奏，为遵旨共筹补救，恭摺敷陈，仰祈圣鉴事：**窃奉六月二十一日电旨，朝廷谊重邦交，仍不肯轻于绝。该将军、督抚共筹补救之方，以维大局等因，钦此。**再此摺系臣鸿章主稿，电嘱臣世凯缮摺，由六百里加急驰递，以期迅速，合并声明，谨奏。"（此处明发上谕乃六月二十一日电旨。李鸿章七月初六日摺为加黑内容）

3 指郭曾炘（春榆）。郭曾炘，福建福州府侯官县人。原名曾矩，字春晓，号匏庵。晚号遯叟，又号福庐山人。祖柏荫，父式昌。光绪六年庚辰科（1880）二甲第十名进士（见朱保炯、谢沛霖编：《明清历科进士题名录》，上海：上海古籍出版社，1979年，第2839页；《明清进士题名录索引》第1册，第153页），改庶吉士，癸未散馆用主事，分礼部，隶仪制司（见《中国方志丛书》,《闽侯县志》第69卷，台北：成文出版社，1962年，第78页）。

曾廣漢

昨閱儀電十八之招係與峴帥會銜者主禮用之說已奉

俞允並乞照發機局太特億兆蒼生之福

閣下凡聽春翁請再將詳細

示知 西澤

徐琪致张亨嘉信札

光绪二十六年六月二十一日

张老前辈：

又李相有领衔摺[1]，由济南发，是已到济南否？司农[2]放人否？此外尚有何事，乞批示数行。

道安

两知

1　李傅相领衔摺，应指光绪二十六年六月二十一日李鸿章、刘坤一、张之洞、许应揆、奎俊、袁世凯、王之春、端方所奏。大意是恳请明降谕旨，保护各省洋商教士，惋惜德使，缉拿凶手，抚恤被害洋人，剿办扰民兵匪。（见《近代中国史事日志》下，第1088页）

2　所指应是户部尚书。时任户部尚书的立山，于光绪二十六年六月十九日解任入狱，二十日着崇绮补授户部尚书，即司农，其时户部尚书一职空缺，故有此问。见《光绪朝上谕档》，第26册，第198页。“光绪二十六年六月二十日内阁奉上谕：户部尚书着崇绮补授，钦此。”

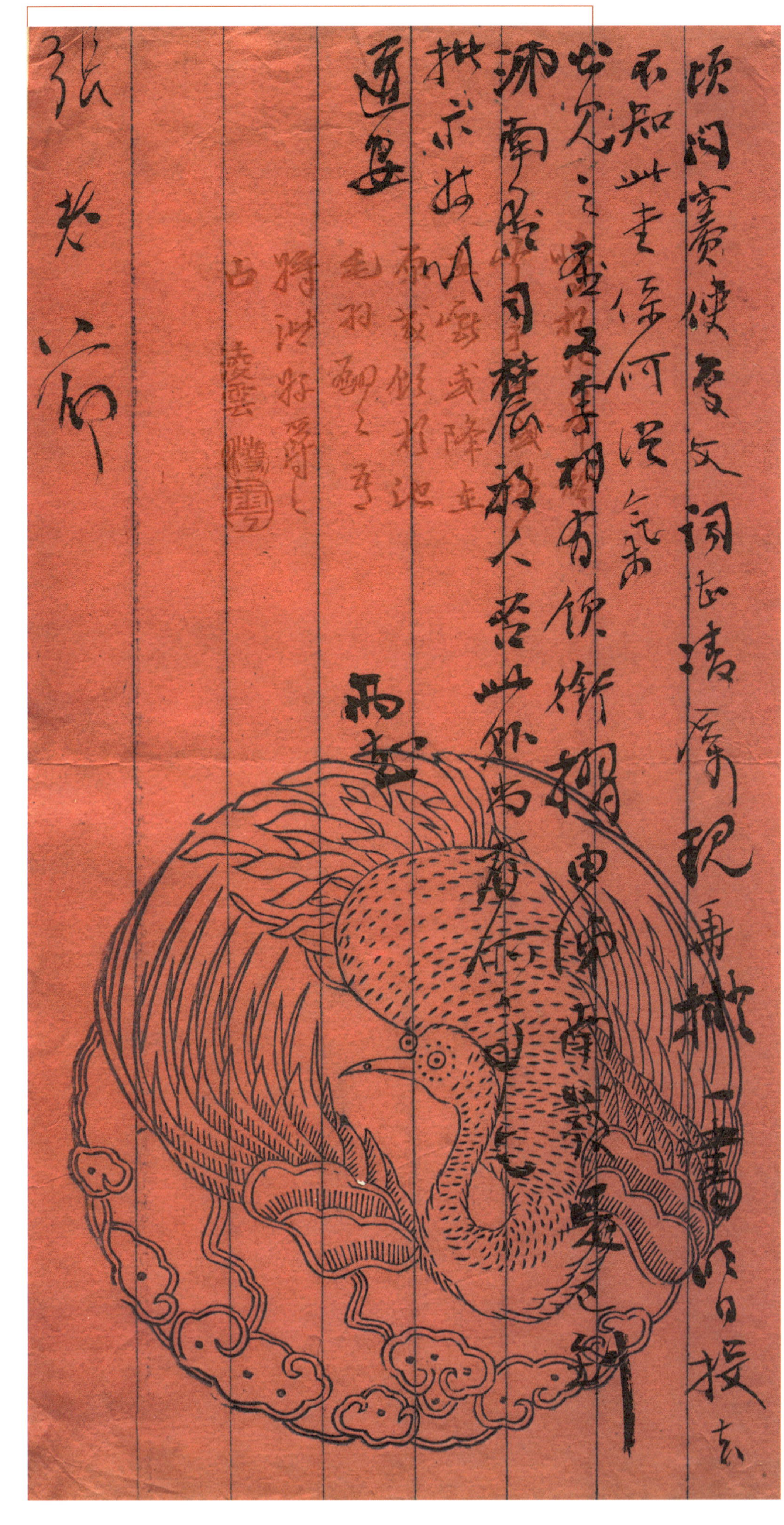

頃閱寰使覆文詞意清厲現再擬一書明日投去
不知此事係何說氣未
出究之處又李相有飯銜摺東陳南齋要之缺
浙南居司農那人答此外尚有何意見
拱求尚風
道安
兩敬

張老前

徐琪致张亨嘉信札

约光绪二十六年六月二十二日

西役暂停[1]，似有转机。十二诸侯之请，美电之说[2]，有见采者否？并无消息。今日入直所见闻，仍求批示。知渎知感。

两浑

1 见《近代中国史事日志》，第1088页。“六月二十日，庆亲王奕劻等致书英使，商使馆停战”。

2 十二诸侯即联衔发电之七省十二督抚：李鸿章、善联、许应揆、刘坤一、张之洞、奎俊、丁振铎、袁世凯、王之春、松寿、刘树棠、德寿。所请以及美电内容，见《近代中国史事日志》，第1088页。“六月二十一日。李鸿章等奏：请明降谕旨，保护各省洋商教士，惋惜德使，缉拿凶手，抚恤被害洋人，剿办扰民兵匪。同日，伍廷芳电总署，美国声明三事：救在京美国官员教士商民，保护中国各处美国人民财产，保全应得权利，愿助剿乱民，望中国平静保全疆土”；又见《庚子事变史料四种（外一种）》，宋廷模《京师日记录要》，南京：凤凰出版社，2018年，第14页。“六月二十三日，闻七省十二督抚合摺奏事，会同请议和，不行”。

西役靈傳如有舊稿十二諸侯之語其靈之說有兄案者居今以爲所見並無消息
閱，仍求批示，抄清扯武兩澤
示悉。今日無可復者，惟請近者壽終依城墨家謝部堂請
款。餘兵5升倉屬諸軍師刻費家呢。此三萬相當守
諭。敦行而已，餘無所聞。
晉呼卯金刀撫疏參蔡頌壽子疆福萬年不老
陝西勤王兵以已到。今日升允　多人

右軍以龍鵝
青蓮室

徐琪致张亨嘉信札

光绪二十六年六月二十二日

今早又有炮声，岂东西两处又开战耶？尊处如有所闻，乞示悉。服膺肯听调否[1]？

1 指义和团能否遵从清廷停攻使馆命令。见《义和团运动史料丛编》第一辑，《恽毓鼎庚子日记》，第64页。“六月二十二日，有旨保护教堂、教士，除战事外，其杀毙洋人及焚毁房屋什物，均俟查明办理。盖将化干戈为玉帛矣。然彼族能否就范，团民如何遣散，恐未易措手也”；又见《义和团档案史料》，第348页。“光绪二十六年六月二十二日承准军机处交片，军机大臣面奉谕旨：著派长麟、文瑞分统京师义和团民，前往通州、天津一带扼要助剿，勿任敌兵北犯，并随处纠集本处团民，挖壕筑垒，以防分窜。是为至要”；又见《庚子日记》，第157页。“（六月）二十四日，庄王昨日命团两千出城，扎城外各大路。其余悉以交董军统带，审明纪律，军法从事”。

吳士鑑

今早又有炮聲豈東西兩軍又開戰耶
尊處如有所聞乞 示悉服膺肯所調否

徐琪致张亨嘉信札

光绪二十六年六月二十三日

本日有敌据杨柳青之说，未知确否。各使行止如何，知会有何事[1]，乞详批。

至感

两知

1　指光绪二十六年六月十八日至二十四日，庆亲王奕劻代表清政府多次与英法美驻京使节商量，要求护送其离京，均遭拒绝。见《李鸿章全集》第27册，电报7，第137页，G26-06-202。“鄂督张来电并致江督东抚（光绪二十六年六月二十日到）接慰帅震电，知会摺已发。救使一条不及添，拟专发一电奏，文曰：近日寄谕各驻使，力言保护使馆，乃闻匪徒并不遵旨，仍然围攻使馆，意欲聚歼，其势甚危，不胜骇异焦急。查洋报，德使被戮，德主已誓师报复，矢取北京，各驻使来电述外部语均极暴悍。各国洋电、上海各领事语均谓今日惟以救使为第一重大事。中国若能救使，将来诸事方有可议。若各使多伤，则尽其兵力不留馀地，不以公法待中国等语。窃思，仅戮德使，各国尚可牵制排解，万一匪徒尽歼各使，则是逼以合谋。群强众愤，后患实不可测。拟请明降谕旨，特派忠实大臣及有纪律之军保护使馆，或专派宋庆一军保护。嘱各使将国书之意分电本国，使知攻使系匪徒所为，救使两宫德意，各国方有排解之法。速办方能补救，缓则无及，迫切上陈等语。派宋护使系傅相来电意，请慰帅缮摺，速驰递。列傅相李、江督刘、川督奎、鄂督张、成都将军绰、闽将军善、皖抚王、东抚袁、陕护抚端九人衔名。奎、绰、善、端早商定，不必再商。洞效辰。”

昨日有殷張楊柳青之記事如稿寫來使經必為何

無舍有何之見請批正或再記

殷張楊柳青前日晚有談者未知何人使行止似為無賴作

去會來到些早間已為他了又内閣有李蓮甫及軍機兩

起之下九點六刻亦無甚要事有松壽般馬將麥一筆只能帶

有一兩筆寄諸院無關係毋不陰不陽莫辯得到

甚可懼也

青蓮室

徐琪致张亨嘉信札

约光绪二十六年六月二十三日

贵上老爷，燮老同年：

合肥六百，想系条陈，知会未明言也。今日无警报，大意尚无反复。姜镇[1]复津，恐系传讹。暂邀说归，谋诸妇，仍执初志。余面叙。明早拟趋谈，如不入直，请略候何如？

弟　顿首叩

1　此处的姜镇是总兵姜桂题，时驻防德州，受命进京勤王。见周骏富主编 :《清代人物传记丛刊》,《碑传集补》,《昭武上将军姜公家传》，台北 : 明文书局，1985 年，第 810 页。“庚子之变，贼氛漫京畿，公以精卒入卫，贼适围吕道生于博野，公谓曰，此非所谓义民，直贼耳。遣骑谕之，不可，遂纵兵搏击，博野围解。”

岑上老兄

黄曾源

勖

合肥言犯

令侄阵亡会未确实也

今日无发报大意为无反覆姜镇复津恐亦传讹粤(?)细

说归谋谢归仍执初意候电复明早拟整谈然不及见

请即候日安

弢夔老同年 弟世卿

绍昌致张亨嘉信札

约光绪二十六年六月二十三日

津门息耗，想已有闻。宋、马尚在郡城，文武[1]已退北仓。又洋人有分兵入京之说。太师母大人似宜暂避，如另有所闻，尚乞示及。叩请

夫子大人钧安

受业绍昌　谨禀

受业因资斧不敷，行止未定也。知注并及。

1　指直隶总督裕禄。

津門息耗想已有聞宋馬尚在郡城文武已退北倉

又洋人有分兵入京之説

太師母大人似宜暫避如另有所聞尚乞

示及叩請

夫子大人鈞安受業紹昌謹稟

受業因貲斧不叓行止未定也知　汪并及

徐琪致张亨嘉信札

光绪二十六年六月二十五日

贵上大人：

示悉。画件已打叠送入新居，须明日入房检出，再奉上也。鄙事重费清神，铭感无似。手信敬请

燮公我师大人铝安

小弟一得　谨顿首

廿五

書上大人
親翁大人 陳 尊 禮 話安 山東福 後安 廿五
禾走魚侍臣林產匠又親長源流百八房捨
出再在上也郭李無要
請緯山縣 戴 年似子 海段 請

徐琪致张亨嘉信札

约光绪二十六年六月二十六日

示悉，仪叟廿五到上海[1]。昨有农部友人言及，云系闻之王中堂[2]者，想尚可靠。又闻仪叟有电云，拟带万人入卫者[3]。说未知确否。

两知

1 据李鸿章回复刘坤一"有电"和回复张之洞的"有电"，可知李鸿章于光绪二十六年六月二十五日抵达上海。见《李鸿章全集》第27册，电报7，第145页，G26-06-232，G26-06-233。"复江督张香帅（光绪二十六年六月二十六日）调任不敢当贺。昨抵沪，体中小有不适，拟略修养，取道袁浦，由运河北上。鸿。"

2 王中堂指王文韶。

3 见苑书义等主编：《张之洞全集》第10册，电牍，石家庄：河北人民出版社，1998年，第8130页。"此时北方，外则洋兵云集，已近京畿；内则乱匪乱兵不遵诏旨，焚杀扰乱。此次中堂奉旨北上，定必兼带重兵入卫，拟共带几营？调何处兵勇？何日自粤启行？祈详细电示为慰。啸。"

陳同禮

示悉。儀吏廿五到上海，昨日農部友人言及，云係閱之。王中堂長想尚可靠。又聞儀吏已電云擬帶幕人入衛，此說未知確否。

西知

徐琪致张亨嘉信札

光绪二十六年六月二十六日

敌踞杨柳青，前日略有谈者，未知如何。各使行止，似尚无实信。知会未到，惟早间已为他事入内，闻有李秉衡及军机两起[1]，起下九点一刻，亦无甚要事。有崧蕃[2]朝马明发一道，其余即有一两道寄谕，皆无关系者。不阴不阳，莫能揣测，甚可惧也。

1　见《近代中国史事日志》下，第1089页。“六月二十六日，巡阅长江大臣李秉衡到京觐见太后”。

2　崧蕃，字锡侯，崧骏弟。瓜尔佳氏，满洲镶蓝旗人。曾任云南巡抚、云贵总督。

昨日有敝縣楊柳青之記者起稿否要使館中為何

每令有何可見之詳批否或要記

敝縣楊柳青前日晚有談者未知何人使行止似為無賴作

去舍來到（九點六刻）惜早間已為他人所阻有李連陶及罕楊兩

起之下亦無大要事有寂蕭然馬鞍一匹且其中

有一兩芝寄詩將無關係并不陰不陽莫辭揚則

甚可憐也

鐵耕　翫蓮

青蓮室

徐琪致张亨嘉信札

光绪二十六年六月二十八日

张大人：

连天烽火，遍地荆榛。欲出国门，茫无定向。不意辇毂之下，乃有此变（？）局也。久拟趋领大教，十余日来雇车不出，可发一叹。鸩醴正渴，漏脯止饥，所快一时，何以为继？弟所忧虑者不在目前，而在来日耳。现亦从众料理包裹。前奉上扇面八页，祈饬检下，候晤，定再奉上。何如？手此，敬请

燮公吾师侍安

小弟一得　顿首

廿八日

連天烽火遍地荊榛破出國門蒞吳宅而不忘
攀轂之下乃冒燹後居也久擬趨候
大教十餘日來雇車不出而最一致鳩聘之眉滴(?)止
俟取結一付日內為繼弟所受寓者不多自謝而至來日
亦現亦從眾料理包裹節後上元節後八月行
悵惘下懷晚空再奉上即頌年祺
堂公吾師　竹安　弟二[illegible]頓首　廿日
張大人

郑沅致张亨嘉信札

约光绪二十六年六月末

夫子大人钧座：

昨聆训诲，心目开朗。得天津廿七日信，有数事另纸录览。如他人见之，乞勿言其所自来也。肃布，祗请

钧安

受业沅[1] 顿首

1 郑沅 (1866—1943)，湖南长沙人，字叔进、叔晋，号习叟，光绪二十年甲午恩科探花。以翰林侍讲入值南斋，1903 年出任四川学政，辛亥后曾为总统府秘书，袁世凯称帝乃以疾力辞，客上海爱俪园。善书法。

夫子大人钧座：昨聆

训诲，心目开朗。得天津廿七日信，有数事，另纸录

览。如他人见之，乞

勿言其所自来也。肃布，祗请

钧安

受业沅顿首

张亨嘉致徐琪信札

光绪二十六年七月一日

美电之第三款[1]，不能（？）办。虽西平[2]亦难拟结也。公言之何?（徐琪批：后二说系何副宪[3]所言。美三款实不难办，在上意耳。）

1 见《李鸿章全集》第 27 册，电报 7，第 154 页，G26-07-008。“江督刘来电并致袁盛张王刘奎绰德聂（光绪二十六年七月初一日酉刻到）。袁、李、盛、张、王、刘、奎、绰、德寿、聂，伍使感电，国书钦遵呈递。兹将外部赉送美总统复书译呈：大美国大伯理玺天德问大清国大皇帝好。奉光绪二十六年六月二十三日国书谨拟办法，切盼施行……三、谕饬各大员，与各国兵官会商协救使馆，保护各国人民，安靖地方。西历一千九百年七月二十三日。坤叩。东。”

2 代指李鸿章。原指唐代中兴名将李晟，封西平郡王。清沈星标《贺李鸿章六十寿联》有云：“西平为社稷而生，自古股肱，原资岳牧；陶侃秉武昌之节，天下脊膂，厥惟荆湘。”

3 此处的何副宪指时任都察院左副都御史的何乃莹。见《清德宗实录》，光绪二十六年五月戊申。“以顺天府府尹何乃莹为都察院左副都御史。”

金肇漢

結黨收買人心和字雖無亦請交梁寬擬之意也

渡長說司是稿諭八月廿二函遞寄大總亦出

演長君已再示

美電之第三款以張翼雖無平亦難擇信也

注二說條例副憲法言美三款實不難亦在上意乎

此言之何

徐琪 致 张亨嘉 信札

约光绪二十六年七月四日

伯香[1]封奏，大致谓和战当衷一是，和则速和，战则决战，不可作骑墙之见。两意双衔，到底不落边际。又闻黑龙江报捷，电饬令保守疆土，不得轻率启衅[2]。今日街市讹言大作，真所谓“郑人相惊，以伯有也”。尊处邮筒，仍乞借观。

两知

1 指黄桂清（后更名黄桂鋆），贵州安顺府镇宁州人，字伯香。散馆授编修，官至湖南衡州府知府。世居州城，寄居府城南大街（见《清代传记丛刊》,《词林辑略》，第 482 页）。庚子时任五城巡城御史，协办五城团练。

2 指黑龙江将军寿山报瑷珲防务事。见《近代中国史料丛刊》第二辑，《义和团档案史料》，第 380 页。“黑龙江将军寿山等摺（光绪二十六年六月二十九日）：奴才寿山、萨保跪奏，为会商办理省防事宜，并请制兵分别支饷恭摺仰祈圣鉴事。窃瑷珲等处防务战状，以及省城拟调制兵两营，均经奴才寿山迭次陈明在案各将士，复能稳攻稳战，连挫凶锋，省属一带亦皆渐就安插，自是，民心益固，兵气益扬。光绪二十六年七月十二日奉朱批：知道了。着凛遵十一日谕旨，慎重办理。”

姓

劉如輝

伯香書來大致謂和戰當衷一是和則速和戰則決戰不可作騎墻之見兩意奴衛到底不落边際又聞黑龍江报捷電飭令保守疆土不得擅啟釁今日衛市謠言大作真所謂鄭人相驚以伯有也前要鄭簡仍乞借觀

兩知

徐琪致张亨嘉信札

约光绪二十六年七月四日

闻洋兵有进步之说，恐系讹传。尊处有所闻否？又闻各使有出京之说，确否？

邮筒乞借一观，感感。

两知

羅秉誠

聞洋兵已進步之說恐係謠傳，弟處已所聞否？又聞各使已出京之說確否？鄭簡乞借一閱，感感。

兩知

徐琪 致 张亨嘉 信札

光绪二十六年七月五日

今日晤春榆、古微[1]，知昨事一无办法。古微今晨另有一说帖，亦无下文，奈何奈何。闻仪叟三十抵秦皇岛，七日可以抵京，不知信否？此亦古所言也。公闻之否？此公来后，有可挽救否？公能一测之乎？北洋今下午有报，无大变局。余乞略示一二。肃上

燮老前辈

名心 叩
初五

1 即郭曾炘与朱祖谋。郭曾炘（1855—1929），字春榆，号匏庵，福建侯官（今福州）人。光绪六年（1880）中进士，历官内阁学士，户部、礼部侍郎，典礼院掌院学士。朱祖谋(1857—1931)，原名朱孝臧，字藿生，一字古微，一作古薇，号沤尹，晚仍用原名，又号彊村，浙江吴兴人。光绪九年(1883)进士，官至礼部右侍郎。

昔賢奏摺古跋知作事一無藉於古跋々

最易者一說帖亦無下文奈何々閱儀寄三

十摺東皇島旨可以摺原

公閱之否此公來後方可挽救否（不知信否此亦古所言也）

公能一游之否此洋々千年有根氣大變局緣也

暇示一二康上

二樹老前輩名心叩 初八

徐琪致张亨嘉信札

约光绪二十六年七月八日

示悉。今日无事。滇省棘手，请近省筹济饷械[1]；兴京副都统[2]请款添兵[3]，与仓场[4]请葺〔炮〕助剿贾家疃[5]，此三事均有寄谕。敷衍而已。余无所闻。

晋学卯金刀抗疏参毓贤喜事酿祸[6]，留中不发。
陕西勤王兵已到[7]，今日升允[8]召见。

1 系云南总督丁振铎奏报滇省困局，并请求近省接济事。见《李鸿章全集》第27册，电报7，第100页，G26-06-070。“署滇督丁来电并致江鄂川湘粤各督抚（光绪二十六年六月初七日午刻到）北事至此，滇又焚抢教堂，法兵临境，将开兵衅。滇苦饷绌兵单，原防难恃，若不先加筹备，临战更虞失措。刻下稍稍布置，饷已不济，瘠区灾后，捐筹两难，若再久办大防，恐未及开战，先已饷断。谨率全滇士民，百叩顶祝以恳，不胜迫切待命。铎叩。支”；又见《近代中国史事日志》，第1092页。“七月七日，云贵总督丁振铎奏，滇省战端将开，请饬筹接济。诏命川督奎俊等速拨军械。”

2 此指兴京副都统灵熙，辅国将军都统谦禧第二子，光绪二十三年七月，补授兴京副都统。

3 见《近代中国史事日志》，第1092页。“七月初七，俄军陷奉天、盖平及熊岳”。

4 此处所提及仓场，指时任仓场侍郎长萃。

5 见《光绪朝上谕档》第26册，第185页。“军机大臣字寄镶黄旗汉军都统长。光绪二十六年六月十五日奉上谕：长萃奏拟先督围进攻贾家疃并请拨炮位一摺。贾家疃洋人教民麇聚一处，团民并无枪炮，自难进攻。着镶黄旗汉军都统按照该侍郎所请于各项炮位内酌拨二尊，火药千斤，铁子二百粒，并炮车什物等件。炮手出身官一员，炮手二十名，以资应用。该侍郎速备车辆剿灭，毋稍延迟。原摺着抄给镶黄旗汉军都统阅看”；又见高枏：《庚子日记》，台北：台湾学生书局，1976年，第163页。“七月初七日，长萃奏，团攻贾家村，团馁兵单，乞添劲旅”。

6 见杨家骆主编：《义和团文献汇编》第一册，李希圣《庚子国变记》，台北：鼎文书局，1973年，第28页。“（七月）初三日，陕西巡抚毓贤免学政刘廷琛言贤喜事酿祸，启秀持之，廷琛几得罪，其后刘坤一、张之洞亦合劾贤，太后怒，掷其奏于地”；又见高枏《庚子日记》，第163页。“七月初七日，刘廷珍学使劾晋抚扰乱地方，谓该省民教素未相仇，该抚驱之使乱。”

7 所指乃是新任山西按察使升允所带陕西武威新军。但升允实际只到达紫荆关附近，并未进京陛见。

8 升允相关活动：光绪二十六年闰四月，由陕西督粮道补授山西按察使（实未到任）。六月，统领陕西武威新军入卫。八月，在大同迎銮，奉旨驻扎灵邱（见秦国经主编：《清代官员履历档案全编》第6册，上海：华东师范大学出版社，1997年，第84页上）；光绪二十六年，七月二十八日，“并札知升授山西臬司升允，酌带马队两旗、步队一营，迅由涿州、涞水一带，翻山取道，将应解户部之二批京饷银六万两，铁路经费五万两，一并解呈行在。”（见故宫博物院明清档案部编：《义和团档案资料》上册，《荣禄奏摺》，北京：中华书局，1959年，第492页）

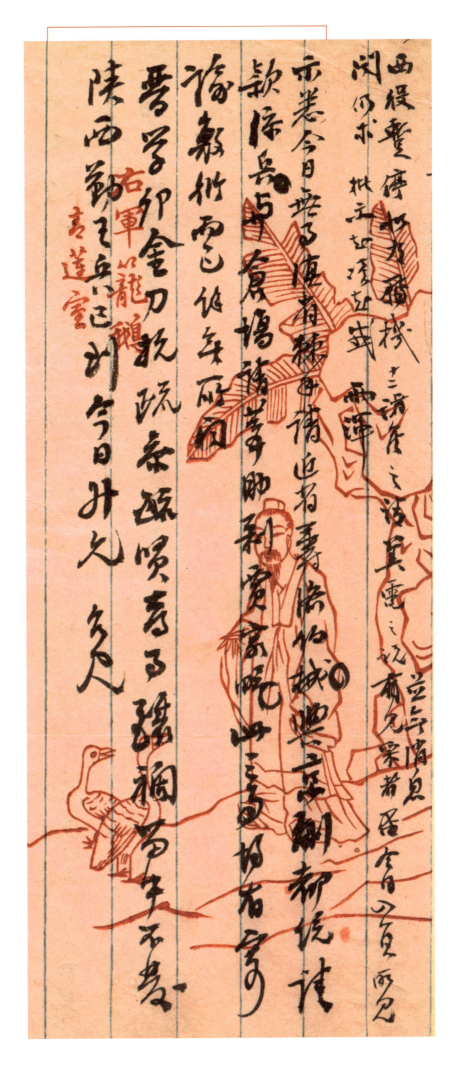

徐琪 致 张亨嘉 信札

光绪二十六年七月十九日

逸马能复归否？甚念。昨有人出城，云平则门尚可走。昨有甘军保眷属车出城门者，拳也，与军战焉，互有杀伤。拉眷属车至庄邸[1]，不知为谁家车矣。

凤师[2]入直，车为拉去，策马而归。且臂上为兵士以刀背震动，似亦小受创惧。此亦昨客所言者，如此则我辈入直，且从容矣。

絅斋[3]有书来，亦失一骡。小价[4]见廉丈[5]车为兵拉去[6]，上压帐棚米包，一勇立于尾。

袁慰帅[7]已至德州，粮台已至，军器较精，军容亦较壮。余虎恩[8]调入城，甘军十七营赴通策应。余无所闻。一切乞示知。此请

燮钧仁兄大人升安
伯母大人前请安

如弟心　顿首
十九

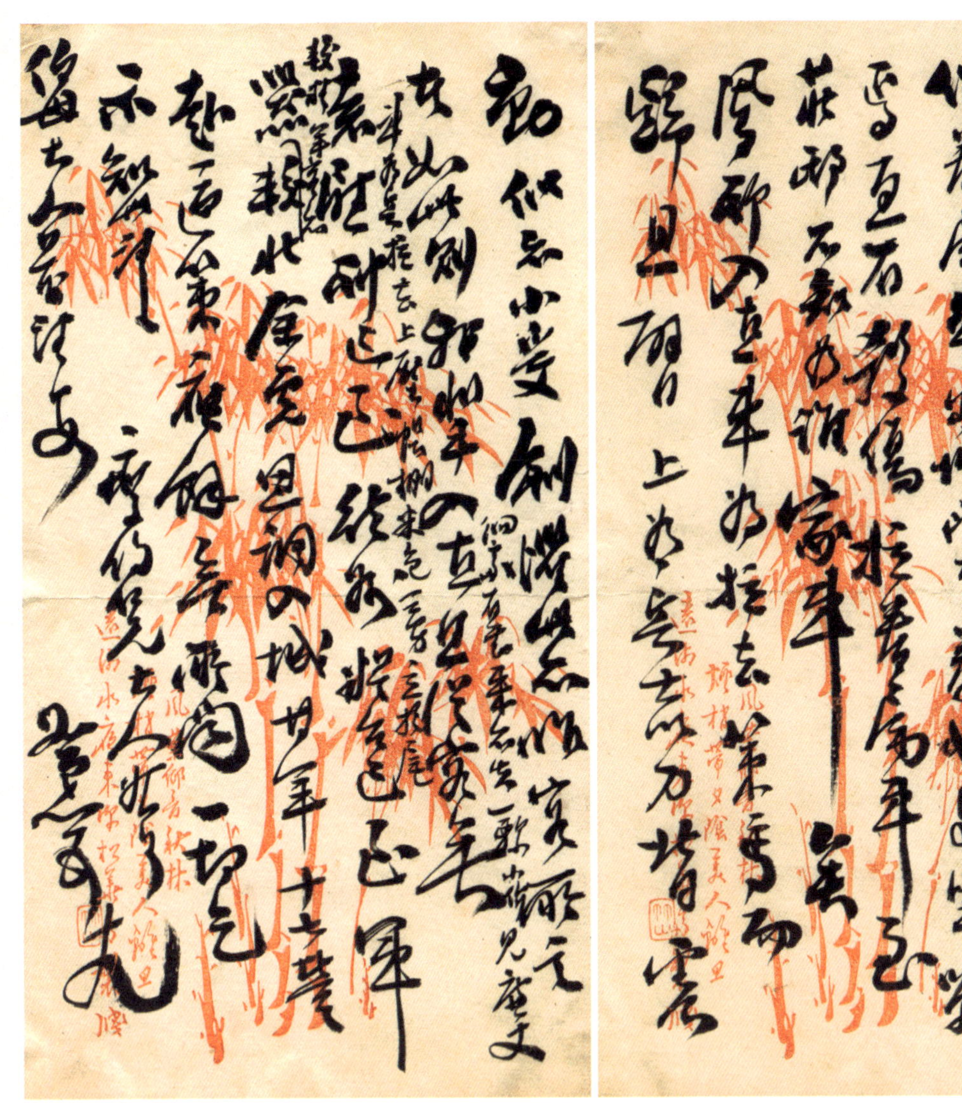

1 庄亲王载勋。

2 应指陆润庠，字凤石。

3 吴士鉴（1868—1934），字䌹斋，号公督，一号含嘉，别署式溪居士，浙江钱塘（今杭州）人。光绪十八年（1892）进士，官江西学政、资政院议员、清史馆纂修。以评骘金石、考订碑板、精研史籍而名重一时。与父吴庆坻笃志藏书。民国初因得商钟9件，遂以“九钟精舍”名其书室。著有《清宫词》《商周彝器例》《九钟精舍金石跋尾》等。

4 小价，即仆人。

5 王懿荣，字正儒，一字廉生。山东登州府福山县民籍。光绪己卯顺天乡试中式第三十一名。官至国子监祭酒，庚子殉难。

6 上述甘军拉车，曾慕陶、余虎恩事，亦见于高枏《庚子记事》，第170页：“余虎恩军十营。某某摄合拉来，迎护山东河运者也，亦拉官宅骡车以载眷口。张亨嘉、徐花农、曾慕陶车亦拉去。北城车被拉，御史查街步行。”

7 即袁世凯。

8 余虎恩（1846—1905），湖南平江人。少孤贫，喜读书。光绪二十六年，授喀什噶尔提督，未任，留统武卫中军十营。拳乱起，诸将多崇奉之，独虎恩则否。福祥攻使馆，虎恩与论事荣禄前，谓遍观诸军，实不足敌外人。福祥大怒，欲杀虎恩，荣禄以身翼蔽之，乃免。令出防获鹿，未几，仍还湘。三十一年，创发，卒于家。（见《清史稿》列传242）

徐琪致张亨嘉信札

光绪二十六年七月十九日

翰林院张大人

烂面胡同[1]

连日数承关注，感甚。本日由前门步行回家，城内安静。本日徐会沣调兵部尚书，陈学棻补工部尚书[2]，余容面叙。特此奉闻，并请

燮哥刻安

弟敬　顿首

1　今作烂漫胡同，在北京市西城区。庚子时为闽中官员家眷集中避难地。见沈云龙主编：《近代中国史料丛刊》第一辑，陈璧《望嵩堂奏稿》，台北：文海出版社，1966年，第20、21页。“闽中同乡眷属之未离京者，聚居烂缦胡同、肖（湘）南会馆共十二家。”

2　见《光绪朝上谕档》第26册，第264页。“光绪二十六年七月十九日，内阁奉上谕：徐会沣着调补兵部尚书，工部尚书着陈学棻补授，钦此。”

翰林院

張大人

饒昌麟

外

爛麵胡同

連日濛承 閣注

感甚本日由前門

本日

鄭

尚行回家城内安靜 御會議調兵部尚書陳

学業補工部尚書侍宸面叙特此奉 聞并請

夔哥刻安

弟〻致首

徐琪致张亨嘉信札

约光绪二十六年七月十九日

张大人：

顷挺生来说已出重价，亦雇不出车。出城之事，只好罢论。鄙见亦同。未知尊意如何，即乞指示。弼兄[1]尚未下直，日来消息亦不得知，恐甚。外闻传说不一，想皆谣传。此请

道安

两知

1 曹元弼（1867—1953），字叔彦。晚号复礼老人，又号新罗仙吏，室名复礼堂，江苏苏州人。进士，官至翰林院编修。时任内阁中书。

張大人

升

高暉游

頃梃生来説已去香饋六罐不出東城之下

只六游羅論部見六開来知

外前待送不至皆償附

并寄意求何印己

指示謝先高来下直日来清息二不日知恐甚去安議

道鼎

而和

和

张亨嘉致陈璧信札

约光绪二十六年七月十九日

陈大人
玉苍老兄大人左右：

东单牌至四（西）单牌，此一路车好走否？
今日进城晤崑相，乞以略闻见示，至感。近传通州失守，亦奇谈也。

弟嘉　顿首

今日進城晤笪相，乞以所聞之示。匪盜近係無如

朱守，亦奇談也。

玉蒼老兄大人左右

弟家頓

東單牌樓四牌樓此路車可走否

風雪又阻進城，明日黄伯唐約會叙團練，

遍三更行。惠州廉逕平似好，子虚五往。

陳大人

陈璧致张亨嘉信札

约光绪二十六年七月十九日

风雪又阻进城，昨日黄伯香约会议团练，迟迟吾行，惠州康逆[1]事似非子虚。

玉注

1 指康有为。

今日進城晤節相之後晤潤之未通甚近作無如

朱寧亦奇談也

玉蒼老兄大人左右

弟夔龍

東第辟飞四第辟廿二號事務畫啓

風雪又阻進城明日黃伯雨約會叙團練

遞之要件東州康送子似好子虛乏范

陳大人

徐琪 致 张亨嘉 信札

约光绪二十六年七月二十日

惠临失迓，未能领教近局。奈何？百万生灵坐视而不能救，一死不足蔽辜。可恨！初八日请召重兵一摺，为四城所阻。今日两诣荣相，相对嗟咨。马玉昆全队入城，和员昨夕到津，而至京在廿三四日事。此二三日内作何筹划？爰我当有以教之。单衔摺底，可否代拟？连衔召兵摺，今夕上。伏候尊示，肃泐

韬安并乞

惠察

弟名心　叩

两照

東陵失迷未能領

教近局奈何百萬生靈坐視而不能救一死不足蔽其辜而恨

初八日徒令重兵一擁為西城所阻今日西面諸葉相相对嚎啕資馬玉

崑全隊入城抵禦昨又到津而至奈在廿三四月乃此二三日内作

何計籌畫

連衡合兵捆今夕上

愛我当有以教之平衡捐底可否代擬並柬帥覆 伏候 箋示

教安並乞

惠覆 弟名心叩 兩上

徐琪致张亨嘉信札

光绪二十六年七月二十二日

晨有团练委员送信与彭间青，云庄、端二邸奉慈圣西巡，皇上无恙；庆、礼二邸在前门楼上议款[1]，和局可成云云。当系廉生[2]笔迹，字甚古朴，似非作伪。合肥此时揣可放心到京，亦未得确信。春、廉、弼均未能入直。别无所闻。弟此时只有静守，以听天命而已。

1 见高枏《庚子日记》，第 174 页。"七月二十二日。昨晨七下。老佛爷同端、庄走，又闻皇上未走。庆、礼今晨上城楼讲话"。

2 即王懿荣。

辰有圖練要負速信與題寫青云薛謂二郎摹慈聖

西巡皇上長慈慶禮二郎在青門樓上謁新和命可

成云云袁小廉生寄鐸字甚古樸似小作偽合肥此時

揣何到京殆已亦未得確信春庵敦約未能入直

別黃歷澗弟此時只有靜守以俟天命而已

张亨嘉致徐琪信札

约光绪二十六年七月二十日

电：西平得权议结[1]。
诸公方置酒高会，故原文简略如此。赵庄之说是否得之
枢、译二处[2]，乞示。

1 指李鸿章被授权与外国议和一事。见《李鸿章全集》第27册，电报7，第182页，G26-07-113。“东抚袁来电（光绪二十六年七月十六日到）顷奉枢处交到电旨一道如下：十四日奉旨，李鸿章已授为全权大臣，与各国外部商办一切，事机至迫，着毋庸议。钦此。谨电达。凯叩。谏。”

2 指军机处与总理各国事务衙门。

電

西平得權議結

諸山方置酒商合散茶文簡改由趙莊之說是否屬實之權議二層之 示

趙莊之說係今日進內晤詳權議所言伊只半散茶差使也

西平係权天從人願惟議結二字作何解釋再 示

徐琪致张亨嘉信札

约光绪二十六年七月二十日

赵庄之说系今日进内晤许稚筠所言，伊有军务处差使也。西平得权，天从人愿，惟议结二字作何解？恳再示。

電

西平得權議結

諸公方置酒為令故受文箭故如此趙莊之說是宜從之權讓二當之　示

趙莊之說係今日進內暗許權謝西吉伊呂軍移交差使也

西平得权天從人愿惟讓結二字作何解懇再　示

张亨嘉致徐琪信札

约光绪二十六年七月二十一日

示悉，赵家庄之说[1]亦有所闻。此系军务处探报，呈递稿未见。西平全权已下。顷友人谈及，因得使馆祈函，知事机已迫，故不得已而有此举耳。

两浑

呈递系昆[2]总办，今已归赵[3]矣。

1 赵家庄之说当指赵家庄义和拳民与教会之战斗。见《近代中国史料丛刊》,《义和团档案史料》，第 462–464 页；又见《庚子事变清宫档案汇编》第 2 册，八国联军侵华卷二，第 769–770 页。“外患既日逼而来，教匪又构祸无已。威县之赵家庄，柏乡之贾庄，宁晋之邱边村，藁城之乔寨，蓟州之敲庄子，通州之贾家疃，独石口之平地脑、黑土洼等处，亦啸聚数千人或千余人。无如匪势猖獗，凡抚不就抚，又不能不协以兵力，设法惩办。”

2 指昆冈。

3 指赵舒翘。

示塵鼓宗彥三記無難得閱此係寫年

羈宦探根　蓮稿者見安年金賴

已不談古人法度因何便領紙至

餘年識見又校不得何可氏

廉吏

王鐸

並係口取遂而今已聯幾矣

张亨嘉致徐琪信札

约光绪二十六年七月二十二日

结字似当作和字解，盖亦讳言温室树之言[1]也。洨长[2]说自是确论。八万、廿万及逐客之说亦出洨长否？乞再示。

1 本自“不言温室树”这一典故，典出《汉书·孔光传》。用来指居官谨慎，严守机密，不泄露言语。

2 洨长，本是汉代许慎的代称。这里暗指时任兵部主事的许稚筠。

金肇漢

信寄收閱心知字雖尽亦請之須寫楷之言也
滋長說司差稿論八月廿日夜還家才讓亦出
浚長居乞每示
美電之八第三款因我所議雖要平亦難擬佳也
此言之何

注二號經傳副憲所言美三款實不難亦在上意了

徐琪致张亨嘉信札

约光绪二十六年七月二十四日

闻和议廿五可大定，条约有所闻否？二邸外尚有何人预议？荣相[1]在京否？扈慈驾者王大臣共几人？驻跸何所？合肥[2]定与（于）何日到京？希示缕缕。

两浑

1 指荣禄。

2 即李鸿章。

聞和議廿五可定，條約有所聞否？二郎外尚有何
人預議？榮相主京，更屬
貴館駐譯日訪者，王大臣共幾人？令侄定與日同到東京，希
示繕。

兩渾

徐琪致张亨嘉信札

约光绪二十六年七月二十七日

今日午后知会来，已过晚，未及前往。如有所闻，祈摘要密示，至感至盼。即请

台安

弟名　顿首

附件：

留守无人，事机日迫，各国亦甚愿和。公[1]既调直督，授全权，务求迅速到京，挽回危局。徐郙[2]等叩，恳覆。

1　指李鸿章。

2　徐郙(1838—1907)，字寿蘅，号颂阁，江苏嘉定（今上海嘉定）人。同治元年(1862)状元，先后授翰林院修撰、南书房行走、安徽学政、江西学政、左都御史、兵部尚书、礼部尚书等职，拜协办大学士，世称徐相国。

今日午後知會來已過晚未及前往如有所聞祈摘要
密示並感盼即請
台安
弟名心

留守無人事機逼迫[illegible]各國亦甚願和公既調
直督授全權務求迅速到京挽回危局 徐郙等叩懇覆

恽毓鼎致张亨嘉信札

约光绪二十六年七月二十七日

南京刘制军、武昌张制军[1]：

庙社无恙，留守无人，事机危迫，公为国重臣，请设法挽回，并力劝合肥北来，以经大局。覆。

1 即两江总督刘坤一和湖广总督张之洞。据高枏《庚子日记》，第178、191、192页。

上海李中堂

感電悉。兩宮〻〻人事機危迫，公既調直督，又授全權，務求迅速來京挽回大局為要。

南京劉制軍

武昌張制軍

感電悉。兩宮〻〻人事機危迫，公為國重臣，請設法挽回。茲力勸合肥北來，以維大局為要。

徐琪 致 张亨嘉 信札

光绪二十六年七月二十八日

昨薄暮有宁波、南京、山东三人，系修机器在海军衙门逃出者[1]。据云，目见老太太同大〔阿〕哥[2]坐两套车。礼、庆随之，共三车[3]，由万受（寿）山边前往。此宁波三人于廿一日随苏军出西直门，据云未打仗。廿四日庆、礼回城。该三人于廿五日仍入封（丰）盛〔胡同〕海军衙门。闻内当事人说，居停[4]关在一室，未能出外。廿六日法人到海军衙门，遇物即抢，遇人即发槍，此三人惧而逃出，由平则门出西便门。据云，洋人日用车至颐和园掳物。云端、庄邸毁。闻东海[5]叫洋人开枪打他，洋人不屑。云：汝要出城，我写函知照前途。据云各胡同枪敝（毙）不少云。

廿八午

1 见高枬《庚子日记》，第 180 页。“廿九日，午，晦若（即于式枚）、颂年（即汪诒书）同劳君（凯臣弟）、曾伯玉、叔晋来，言有机器局匠人二名，言慈驾往蒙古，伊等至中路，畏其地寒，未带衣服，辞归。据二匠言，上实未往而毕。前言上同行，若果如机器局匠所言，将若之何。”

2 所指为慈禧太后与光绪皇帝。

3 见李希圣《庚子国变记》，第 24 页。“（光绪二十六年七月）二十一日，天未明太后知事急，衣宝衣，欲赴水。太后乃青衣徒步涕泣而出，发不及簪，上素服及后随之。至西华门外，上坐英年车，太后坐载澜车，从者载漪、溥儁、奕劻、善耆、载勋、载澜、载泽、溥兴、溥伦、刚毅、赵舒翘、英年及内监李莲英……是日，出西直门，日暮，抵昌平贯市”。

4 据《义和团运动史料丛编》第一辑，《恽毓鼎日记》，此处的解释“居停”似指光绪，北京沦陷初期，曾讹传光绪留京未走，参七月二十三日所记。

5 东海即徐桐。

昨蔣慕曾寧波南京山東三人係何機從在海軍衙门逃出者 擬云自見

老太〃同大哥寄兩套車祀慶隨〃共三車由萬安山邊前往此

寧波三人於廿一日隨蘇軍出西直门 擬云來打伏廿四日慶祀回

城該三人於廿五日仍入海軍衙门 材盛9 閣內尚有人說居停閣在一室 未能出外

廿六日該人到海軍衙门 適朝內招還人即赴館 此〃人懼而逃出 由平則门出西便门據

云洋人日用車至頤和園搬物〃云端莊邸燬閣東海叫洋人向館

打他洋人不應 云汝要出城我寫 函以盤費前途 擬云兵胡同館敢不少云 廿八午

徐琪致张亨嘉信札

光绪二十六年七月二十八日

昨日街市光景，似较廿四以前安静多矣。惟内中消息，毫无所闻。合肥是否已来，尚无人能确言者，亦不得其住处。尊处得信较灵，乞明示数言以慰悬念。弟处仅有一洋人来写白旗[1]，入门一看即去，并未扰我分文亦往。附陈烂面胡同一带光景如何耶。此请

燮公我师侍安

弟一得顿首

廿八日

1 见中国社科院近代史研究所资料编辑室编：仲芳氏《庚子记事》，北京：中华书局，1978年，第34、35页。“各国既定分界，凡在界内之铺户住户，不拘贫富，各于门前插白布旗一面。居住某国地界，旗上即用洋文书写‘大某国顺民’。又有用汉文写‘不晓语言，平心恭敬’贴于门前者。”

昨日御前奏蒙俞允發若照前議為氣絕內中倚且毫

之意閱合他蓋已走六年人被議言者亦以其往矣

者實即行發電也

收之藏之以慰照會弟甚德國一洋人來寫真提入內一看

即書畫來擾親及文叔

佳話陽湖歸即日一帶老兄以何耶此頌

蘭公師卿侍安 弟[illegible]頓首 廿日

徐郙等三十三名官员致李鸿章信札

光绪二十六年七月二十八日

上海李中堂：

（~~庙社无恙~~）留守无人，事机危迫，公既调直督，又授全权，务求迅速来京，挽回大局。覆。

上海李中堂

廣紳士之意留守之人事機危迫必改調直督又授全權務求迅速來京挽回大局　慶

南京劉制軍
武昌張制軍

廣紳之意留守之人事機危迫必如國之臣請設法挽回並力勸令即北來以保大局　慶

恽毓鼎致陈璧、郭曾炘、张亨嘉信札

约光绪二十六年七月二十八日

玉苍、夔钧、春榆前辈，陈、张、郭大人。

昨交还致张、刘两信稿，仍求掷下缮发。拟请诸前辈领衔，末附以同乡教衔而已，可否？乞酌之，此上。

名心　叩

昨承還致張、劉兩信稿，仍求
擲下繕發。擬請
諸前輩領銜，末附以同鄉教銜而已，可否
酌之。此上
王若
雲錫前輩
春榆
名心叩
張
郭
陳
大人

恽毓鼎致张亨嘉信札

约光绪二十六年七月二十八日

公函电稿均好。二百年国脉，恃此一发矣。兹有宗尹学使函，务求交专差便带，至感至感。此上

玉苍、春榆、燮钧老前辈

侍心名　顿首

贵上大人，外函并呈。

上圖雲稿均好二百年國脈恃此一髮
矣前存各字尹學使周務求交李花便
帶之感感此上
正泰
春梧老前輩
愛約 侍卜去句
表上去人 外周斗言

徐琪致张亨嘉信札

约光绪二十六年七月三十日

示悉，仪叟二十日又有六百里一摺，仍在济南拜发。接连三摺[1]，未知何事。奎顺奉命出差，副都统派溥顾署理[2]。奎系前西宁大臣，岂前驱耶？服膺之梗命系意中事[3]，未知作何变症。东西两变，究竟是否开战，仍乞详示。

两知

1 第一摺。寄东抚飞递军机处译署（光绪二十六年七月十九日巳刻）
顷接驻俄杨使铣电：外部称，已发训条与格使，准其出京。惟中途倘有不测，其责任全在中国政府等语。请转荣相。此事干系甚重，务派妥员加意保护，平安抵津，否则势更决裂。外部又以伊等绝粮已久，接济食物幸乞从丰云。请由六百里加紧递军机处、总署。鸿。（见《李鸿章全集》第 27 册，电报 7，第 186 页，G26-07-126）
第二摺。寄东抚飞递军机处译署（光绪二十六年七月十九日申刻）
日本李使巧电：敌军约万八千，将至蔡村。联军总统闻改德提督瓦尔迪吉。福岛之意，谓须有面奉谕旨之员，方可与各将议停战。傅相未入京，议和之旨恐各国不信。寺内所言，意在荣相。单骑见虏，古人所称，或先派员赴前敌商明较妥。仍乞密达。东报颇传西巡，确否等语。请由六百里加紧递军机处、总署代奏。鸿。（见《李鸿章全集》第 27 册，电报 7，第 186 页，G26-07-127）
第三摺。寄东抚飞递军机处 译署（光绪二十六年七月十九日戌刻）
请由六百里加紧飞递军机处、总署。顷接驻俄杨使啸电称，咸电遵转各使，并译交外、户部。据称公授全权，甚慰。当转奏俄主，惟商议停战条例，总须各使平安赴津；东三省不攻俄兵，方可议办。至俄主之意若何，奉谕后再告云。先闻等语。请代奏。鸿。（见《李鸿章全集》第 27 册，电报 7，第 187 页，G26-07-132）

2 奎顺出差指光绪二十六年七月三十日新任察哈尔都统奎顺与副都统魁福奉旨自宣化前往口外太仆寺牧群办理调送千匹良马及购办鞍轡以供随扈之用一事。故有派溥顾署理副都统之命（见第一历史档案馆藏“录副奏摺”，奎顺《奏报奉旨前调马匹及购办鞍轡先后出口启程赴行在应用事》，档号：03-6053-018，缩微号：452-2292）；又“光绪二十六年八月初七，察哈尔都统奎顺奏恭报接任日期摺：七月二十八日降旨，察哈尔都统芬车外出办事，由奎顺补授察哈尔都统。奉旨，臣叩头谢恩。臣于这个月初六日到达张家口，这一天，接到都统印”。（见中国第一历史档案馆藏《军机处满文档》，档号：4576-051，微缩号：245-0259）

3 此处“服膺”或即指奎顺。因奎未离察哈尔都统之职，溥顾亦未接任，故云“梗命”，谓不服从调动也。

示悉。儀叟二十日丑刻八百里一折，仍在濟南轉發，接連三折，未知何以。奎順等

命出，着副都統派溥頲署理。奎係前西甯大臣，此番所遣即服膺之極

命，係意中事，未知作何位置。東西兩處究竟是否開缺，仍乞

詳示。

兩知

徐琪致张亨嘉信札

约光绪二十六年七月三十日

大局至此，夫复何言。闻春榆、廉孙两公均至尊处，日来当未能入值，挽回有何办法？庆、礼二邸至前门楼上议款[1]，确否？合肥既奉便宜行事之谕[2]，回电作何语？他有所闻，请示缕缕。

两浑

1 见高枏《庚子日记》，第 174 页。“（七月廿二日）昨晨七下，老佛爷同端、庄走，又闻皇上未走。庆、礼今晨上城楼讲话（陈玉苍处听来）。徐、崇不知著何意绪。石孙家人全走。”

2 见朱寿鹏：《光绪朝东华录》第四册，光绪二十六年七月己巳，北京：中华书局，1958 年，总 4537 页。“光绪二十六年七月己巳，谕全权大臣李鸿章，准其便宜行事，将应办事宜迅速办理。”己巳为七月三十日。

大函至此未復以之閒春榆虞孫兩公均至
尊處日來尚未能入直據聞有此辦法
慶禮二邸並前門接上議款稿正合
昨晚奉溥且於事之諭回電必以語
他有所聞請　示覆
弟澤

恽毓鼎致张亨嘉信札

光绪二十六年七月三十日

夔钧、古微前辈、半塘先生：

日间所谈，先用发表一剂。两公专具诚太单，联众伏阙又一时难集。思酌用两方，取其易于速举。拟先用联名奏请，照常办事[1]，以维系人心。鄙见只用短简数语，若云敌兵虽已入城，尚未直侵宫禁，决不致有意外之害。惟乾清久闭，人心摇动。应请照常办事，以安人心而维国本。末仍用双列。事不宜迟。切盼三君子力主，即刻定稿。但用简括数语，不涉他端，自无别患。其列名不妨广约同志，递摺则不全列亦可，较为易集。头剂关窍既通，接用调剂之品，乃有救路，立请公裁。晦[2]尚未晤，此举列名，某能约十人之数，后日（初二）即递何如？

昨议内务府一节，敝及门病，不能前往，亦似无甚益处，暂置彼先就此。

贱心　叩

三十日

反覆思维，似无他虑。又及。

1　据《义和团运动史料丛编》第一辑，第147页解释，该信札日期为七月三十日，因讹传光绪留京未走，此辈汉官谋划乘机奏请光绪亲掌政权，此处存疑。经考订，时间无误，但上摺目的不是奏请光绪帝亲政，而是请安和沟通消息。据《恽毓鼎庚子日记》，第62页，“七月二十九日，近日得确信，始知连日所传皆子虚。两宫于二十一日仓皇出德胜门，廷臣皆不得从，惟端、庄、礼三王，澜公、刚相扈行，荣、王二相相续及之（后知荣相未达行在，暂住保定）。是日驻跸贯市，拟幸昌平，不果。次日出居庸关，留马玉昆帅师驻关外，稽出入。二十三日驻怀来县之清真寺”。可见，七月二十九日已经得知两宫西幸的确切消息。据高枏《庚子日记》：“昨日（七月二十九日），茂拟一稿，晦若删，酌用南城京官联名致公使，问上起居。八月初三日，二下，茂萱来，以行在确信告知。茂写以交薇孙，欲设健步，通纶音，达章奏，此从前正办。”《恽毓鼎日记》则记：“八月初三日，始闻行在真消息，城外大小臣工拟备摺恭请圣安，并陈都城近日大概情形。同人委余主稿。”（见《恽毓鼎庚子日记》，第63页）很显然，这次上摺虽拟稿在七月二十九日，实际完成则是八月初三以后。

2　指于式枚，字晦若。

閩省請兵用費表一劄　西公事具識
大軍勝蜀征剿之師雜（集）點兵用兵方敗
其易報出兵擬兵用兵竟請出事擬
事必經儀人今郭見只用短簡數語若云啟兵
難之之識而來直侵宜黔決不致有意外之虞
性粗說出人用小心撫動應該出事擬專安
人出營經國本來可用遽到事不宜遲
切盼

三省子力主即利官德但用前指數語不涉
似誤（自無和建）其列最不妨廣結同志審揭則不合如此
而發（為）易集頭劄內敘便連擬用調劄之
君乃有校路立請
公議海南未將此等事如有集啟給付人之數
除日（祝）亦靠何如
外議內務府一節敬及內病不便寄
往六何必如是盡一享暫留
三十日後兄翊丹
一慶弟

恽毓鼎致张亨嘉信札

约光绪二十六年七月三十日

密约事谋诸○，已决。候示期行。此顿首盖（阖）安。

两照（押）

密約多謀洪。已決候

示期行此及

蓋安　兩照　直

恽毓鼎致张亨嘉信札

约光绪二十六年七月三十日

示悉，致东抚[1]公信，贱名甚愿附末。敝乡诸公，想无不愿者，然未免特偏劳耳。此颂

近安不具

知名

1 指山东巡抚袁世凯。

乐岁致书接公信 贻名甚蕑附来敝乡托
出想若而蕑去转来竟一特偏劳耳此作
知名
避安不足

曾广銮[1]致张亨嘉信札

约光绪二十六年八月

夫子大人函丈：

顷聆棨训，足慰私衷。闻尊处洋酒极多，甚为羡慕，求惠数瓶，是所铭感。专叩

道履百宜

曾广銮　谨上

春、玉翁[2]均此致候

1 曾广銮（1873—1920），字君和。曾国藩之孙，曾纪泽三子。承袭一等毅勇侯、云骑尉世职，后任都察院左副都御史，诰授光禄大夫、建威将军。1910年资政院开院，任钦选议员。宣统三年（1911），退职归乡。民国九年（1920）卒。

2 指郭曾炘、陈璧。

夫子大人函丈：頃聆
槃訓，足慰私衷。謂
尊處洋酒極多，甚為羨慕。求
惠數瓶，是所銘感。專叩
道履百宜。曾廣鑾謹上
春玉翁均此致候

徐琪致张亨嘉信札

光绪二十六年八月一日

今日闻奉天增[1]电，三姓、珲春、盖平、熊岳四处失守[2]，宁古塔被围，东道其不可问矣。尊处何所闻，乞详示为感。

两知

1 指盛京将军增祺。

2 见《近代中国史料丛刊》第二辑，《义和团档案史料》，512 页；又见《庚子事变清宫档案汇编》第 2 册，《八国联军侵华》卷二，843 页。“再，奉省金州、熊岳、盖平、营口、海城均经失守，黑龙江瑷珲、呼伦贝尔，吉林之三姓、阿勒楚喀等城，亦先后继失。事既如此，不能不作釜底抽薪之计。前经臣等会奏，请旨饬出使俄国大臣转致俄国暂行停战。因路梗由山海关副都统将原电驳回。昨准长顺电函，已函致俄铁路总监工茹格维志，及电出使大臣杨儒与俄外部商其撤兵。寿山电称，现经北路翼长照会俄带兵官，暂且停战。臣等公同会商，奉天根本重地，尤宜加倍慎重，亦照会俄旅顺提督、营口领事，并电杨儒转致俄外、户两部，暂行停战，听候妥议。”

廿

潘盛年

今日閲李天津電三姓琿春蓋平鐵嶺均要失守甯古塔被圍東道其

不可問矣

尊處何所聞乞

詳示為感

西知

恽毓鼎致未详人信札

光绪二十六年八月一日

昨出城后，因为时不早，恐归途阻隔，未能趋谈。昨两点钟时，至敬尚书处，知子翁[1]已于午初纠合内城诸公，作一公函（右小字：昆相、敬信、贵恒、松溎、崇礼、溥良、溥善、桂春共十人，忘其二人），交塔木庵[2]呈各国公使[3]，兼附催合肥电[4]，托俄使代发。毓鼎到后复酌补致璞科第[5]一信，订会晤期（右小字：敬公之意不过以一见略伸彼此之情，以便专候全权，不敢作著迹语也），增入曾侯[6]及贱名。嗣即得外使回音，约今午见面[7]。以时刻迫促，不及与尊处往返斟酌，故未列名。毓鼎于此举亦无从参预，不过追随内城诸公之后，一探消息耳。特此奉闻，敬请

吉安

侍姪弟 毓鼎 谨启
初一卯刻

1 即敬信，字子斋。时任兵部尚书。

2 塔木庵即塔克什纳，俄文翻译。见《恽毓鼎庚子日记》，第62页。“乃与敬老挈翻译参赞（塔克什纳，号木庵）驱车至俄馆，与使臣格尔思会晤。”

3 见《恽毓鼎庚子日记》，第62页。“诣敬尚书，商写公致俄公使函，满官与名者十人，汉官仅二人，曾侯及余而已。因与子永访俄人璞科第（华俄银行大班）。其人在华十余年，熟中国语言文字，颇公正直爽。晤谈甚惬。旋得俄使复函，约明日两点钟会晤”。

4 见《恽毓鼎庚子日记》，第62页。“八月初一日，曾侯临时规避，余乃独行。俄使遣兵丁二人，至观音寺连升店相迓。入城，先诣敬尚书寓。满洲诸公亦皆不来。乃与敬老挈翻译参赞（塔克什纳，号木庵）驱车至俄馆，与使臣格尔思会晤。接待如礼。格使语意和平，极致仍归和好之意，且言各国均可调停。惟余与敬老，既无留守之责，又无议和之权，仅复以此事须待全权大臣李中堂方能作主。因托其电催李相（电线久断，外国设行军电，可通烟台，以达上海），格使允即发电。”

5 璞科第，华俄银行大班。见《恽毓鼎庚子日记》，第62页。“因与子永访俄人璞科第（华俄银行大班）。其人在华十余年，熟中国语言文字，颇公正直爽。”

6 曾侯，也作曾袭侯，即曾广銮。

7 今午，即八月初一。见《恽毓鼎庚子日记》，第62页。“午刻，昆师、敬信、贵恒、午桥、溥良满大臣十人，汉则曾袭侯（曾广銮）、恽薇孙（恽毓鼎）二人共十二人同见俄使。初言近日与赫德信，订期再见公使，今俄反催之，或见京师臣工毫无头绪，故赫德促其一见商量大概也。”

昨出城後因為時不早恐歸途阻隔未能趨談昨
雨點鐘時至敬尚書處知子翁已於午初糾合內城
諸公作一公函（崑相 敬信 貴恒 松溎 崇禮 溥良 溥善 桂春 共十人忘其二人）交搭太庵呈各國
公使並附催合肥電諭俄使代發 毓鼎到後復酌補
跋僕科第一條訂會晤期增入嘗便及賤名副印得（敬公之意不過以一見略伸彼此之情以賤名從專候全權不敢）
（作一著通語也）外使回音約今午見面以時刻迫促不及與
尊處往返斟酌故未列名 毓鼎於此舉亦無從參預不過
追隨內城諸公之後一探消息耳特此奉聞敬請
吉安
侍姪毓鼎謹啟 初一卯刻

恽毓鼎致张亨嘉信札

光绪二十六年八月二十二日

来书诵悉。刻值换界，刑部几为其占据。廿日奔驰一日，护照现尚未到手[1]，大约可不占，贵署已为其占矣，无如之何。摺稿甚好，容再细读，但会衔诸公难遍送阅[2]，徐协揆[3]当送其一阅，晤时再商。鄙意此事即归刑部缮写，送徐协揆阅后即拜发 。阁下先知会者，可将堂衔交下。再各堂住内城者多，知会亦需时日。拟我二人具一公启，不过数语，各衙门送一分（份），交到堂衔即可。缮后衔此皆由敝处办理也。此复，即候

台安

名心　叩

廿二日　申刻

1　见《恽毓鼎庚子日记》，第 65 页，“八月二十日，午后，偕子永、士斋入城，与税务司赫德会晤，商办南粮，赫甚以京、津运道梗塞为虑。此举为民命所关，若不得成，后忧方大，安得仰吁上天，默与玉成乎。惟就近采办杂粮百货，或有可为”；又见高枏《庚子日记》，第 191 页，“廿二日，七十二度。饭后九愚来，谈及张梦劬，言恒裕存银折，皆交金波者，诸人以强夺之心，假拳匪以遂其欲。其品下于拳匪，其心狠于拳匪，而其名则曰京官。茂萱来，薇孙明晨八钟在两益平粜局发护照”；又见高枏《庚子日记》，第 193 页，“（八月）廿五日，七十二度。恽送护照至”。

2　摺稿内容为庆亲王会衔九卿科道公摺奏请回銮，或暂驻保定，以维持大局。见《恽毓鼎庚子日记》，第 66 页。

3　即徐郙。

來書補呈刻值換畀刑部署為查依據
廿日寄馳一日護照現尚未到手大約今日不能
費人畀看包為查收矣無多了身擱稿甚好容再
細談但會銜語亦難編送閣繙協撰書送其
一閱照時再商都云云此云即歸刑部繕寫
送繙協撰閱後即歸簽
閣下先知會再可將堂銜交下再名查住內城者亦
知會亦寄時日擬我二人具十七晤不必遍稽按名銜
門送一分交到堂銜即可繕後銜此皆由敝
處辦理也此處即候 台安 名心照 廿六日申刻

关冕钧致张亨嘉信札

光绪二十六年闰八月十六日

夫子大人函丈：

敬肃者，初十日得领初四慈谕，欣悉动定咸宜，莫铭鼓舞。受业株困怀柔，五中焦灼。日盼和局略有成议，即可挈眷南旋。此地僻在山间，毫无闻见。京中消息，言人人殊，深为怅闷。合肥刻已抵都否？住居何处？西议如何？题目想甚棘手。如有所闻，恳乞详示。外县人心摇动，不能久居。曾与友人商酌，恐南路不通，拟取道居庸由晋赴豫。第迢迢数千里，言易行难，人地两生，熟筹更无善策。祗有恪遵慈诲，候和议以定行止矣。近日有何廷寄，行在有逾太原否？城内近耗（洋兵是否已撤），骚扰有略减否？邮政闻已举行，能代寄家信否？清江、保定车未审能雇出否？琐屑种切，恳乞谨示。谨此肃上，敬叩

钧安

受业关冕钧[1] 谨肃
闰八月十六

1 关冕钧（1871—1933），字伯衡。关广槐长子。广西梧州市长洲人。幼年勤奋好学，稍长，受业于大儒朱九江弟子简竹居之门。清光绪十九年（1893）乡试中举人，次年会试中进士，入庶吉士散馆，授编修。1898 年充国史馆协修官，1902 年充编书处纂修官，1903 年充功勋馆纂修官。后任邮传部总务，议四政，以铁路为先，为中国首任铁路大臣。1905 年至 1909 年与詹天佑等一起主持修建中国自主设计并建造的第一条铁路——京张铁路。民国初期，历任南北议和代表、约法会议议员、参政院参政、参议院议员、晋北榷运局局长等职。1933 年 2 月 15 日病逝于北平，后归葬家乡梧州市长洲岛。著有《三秋阁书画录》。

夫子大人函丈敬肅者初十日得領初四
慈諭欣悉
動定咸宜莫銘饔舞　受業株困懷棗五中焦灼日盼和
局略有成議即可挈眷南旋此地譁言聞甚無聞
見京中消息言人人殊深為悵悶合肥刻已抵都否
往居何處西議如何題目想甚棘手如有所
聞懇乞
詳示外縣人心搖動不能久居曾與友人商酌恐南路不
通擬取道居庸由晉赴豫第迢迢數千里言易行難
人地兩生熟籌更無善策祈有指導
慈誨俟和議以定行止矣近日有何
達寄
行在有諭太原否城內洋兵是否已撤近耗騷擾有略減否郵政聞已舉行能代
寄家信否清江保定車來審能維出否瑣屑種種切懇乞
詳示謹此肅上敬叩

关冕钧致张亨嘉信札

光绪二十六年闰八月十七日

夫子大人函丈：

敬肃者，昨日敬上一书，谅邀慈鉴。其夜陈子砺前辈得贯市人所复函，知自彼车幸太原，大有王道平平景象。陈前辈颇有驰赴行在之议，犬马恋主，冕钧亦窃有志焉。惟家有老亲，倚闾朝暮。自六月至今，电信再速返粤矣。南辕西辙，靡所适从，民生于三，君、父并重。夫子亦在三之一也，为晋为越，乞代权衡。合肥相国已抵都否？和局如何？日下华夷顷作何状？如前书已蒙答示，仍乞惠报一音。怀地平安，米薪不贵，行人忽遽，此不多呈。肃此，敬叩

兴居

太师母前统乞

此名省候

受业关冕钧　顿首

闰月十七日

夫子大人函丈敬肃者昨日敬上一书谅邀
慈鉴其夜陈子砺前辈得贾市人所复函知自彼东去太
原大有土道平平景象陈前辈颇有归志
行者之议犬马恋主冤钧亦窃有志焉惟家有老亲倚闾朝暮
生于三 君 父并重
自六月至今电信再速返粤矣南辕西辙靡所适从氏
夫子亦五三之一也为晋为越乞

戎权衡合肥相国已抵都否和局如何 日下华夷喁作
何状如前书已蒙
答示仍乞
惠教一音怀抱平安未薪不责行人忽遽此外多呈肃此
敬叩
兴居

上谕抄录件

光绪二十六年闰八月二十一日

上谕：刘坤一等奏合词吁恳，事定回銮，先行宣示各摺片，览奏均悉。此次拳教纷争，剿抚两难，以致衅起邻邦，震惊宫阙。朕奉慈舆，于枪林弹雨之中，仓皇西幸，中途跋涉蒙尘，艰苦万状。有为该督等所不忍闻者。朕驭下无方，业经引咎自责，并将办理不善之王大臣等分别重惩。原期和议速完，早日回銮，以安宗社而定人心。岂有甘就偏安，轻弃京师之理。惟现在奕劻、李鸿章在京与各国使臣尚未开议。洋兵在京，分段据守，即来往官民，尚难自便，若遽议回銮，试问是何景象？但使各国与中国真心和好，不夺我自主之权，勿强以所必不能行之事。一有成议，自当即日降旨，定期回銮，至目前巡幸长安，原系暂行驻跸，前降谕旨，意甚明晰。凡此不得已之苦衷当为臣民共谅，岂该督等老成谋国，尚未能仰体及此耶？此中机括，朕筹之已熟。该督等惟当谨守封疆，接济行在，朕实有厚望焉。将此由六百里谕令各该将军督抚等知之。钦此。

亥

閏八月廿一日

上諭劉坤一等奏合詞籲懇事定回鑾先行宣示
各摺片覽奏均悉此次拳教紛爭剿撫兩難以致
釁起鄰邦震驚宮闕朕奉
慈輿於槍林彈雨之中倉皇西幸中途跋涉備
歷艱苦萬狀有爲該督等所不忍聞者朕躬下
無方輩經引咎自責並將辦理不善之王大
臣等分別重懲原期和議速定早日回鑾
以安　宗社而定人心豈肯甘就偏安輕棄
京師之理惟現在奕劻李鴻章在京與各
國使臣尚未開議洋兵在京分段據守即來
往來民苟難自便若遽議回鑾試問是
何景象但使各國與中國真心和好不奪我
自主之權勿強以所必不能行之事一有成議自
當即日降　旨定期回鑾至目前巡幸長
安原係暫行駐蹕前降諭旨意甚明晰
凡此不得已之苦衷當爲天下臣民所共諒
豈該督等老成謀國尚能仰體及此耶
此中機括朕籌之已熟該督等惟當謹守
封疆據情行在朕實有厚望焉將此由六

张亨嘉、贵恒连衔公启

（此件为连衔公摺所发公启，张亨嘉、贵恒拟稿）

约光绪二十六年闰八月二十四日

敬启者，现拟就摺稿由徐协揆领衔[1]，请六部九卿各堂连衔吁恳回銮。如允会衔，祈将堂衔望于三日内送至秦老胡同敝寓，勿迟，以便缮摺。摺稿另日送阅。阁下以为何如？

贵恒、张亨嘉 仝（同）启

各衙门或公所送一分（份）。

1　见高枏《庚子日记》，第205页，“（闰八月）二十五日，明日午发摺赴行在，报留京办事情形。（九月）初三日，五十四度。刚伏冥诛，内外城称快，犹以未得显戮为恨。过孟宅，徐颂翁（徐郙）将连衔具摺迎銮”；又见宋廷模等：《庚子事变史料四种（外一种）》，《京师日记录要》，南京：凤凰出版社，2018年，第35、36页，“（闰八月）二十五日，明日午发摺赴行在，报留京办事情形。（九月）初三日，到，张言公呈已递，问和议，仍无消息”。

敬啓者，現擬就摺稿，由徐協揆領銜，請

六部九卿各堂連銜籲懇

迴鑾。爲此

允會銜，務將　擬寫

堂銜望於二日內送至奉先殿內，由司匯送，以便繕摺。

摺稿另日送。閣下以爲何如？

貴恆

張亨嘉　會啓

各衙門或出所送一分

閱

关冕钧致张亨嘉信札

光绪二十六年闰八月二十七日

夫子大人函丈：

遵嘱拟呈致简始[1]中丞函，乞削改后发还，冕当手泐。是否迳寄，抑呈上转寄，统祈示遵。肃叩

崇安

受业冕钧　肃上
廿七午

1　陈昭常（1867—1914），字简始（持、墀、池），号平叔，广东新会人。光绪十五年（1889 ）中举人，二十年（1894）中进士，授翰林院庶吉士、一等编修等职，后改任刑部主事，候选道员。1897 年随南海张荫桓出使英国，同年到广西任洋务局会办等职。光绪二十四年（1898）任广西右江兵备道、督练公所督办、洋务局总办、总理行营营务处，节制水陆军。光绪二十六年（1900）上京，先后任长春知府、山海关道员。后任京榆铁路总办、京张铁路总办、邮传部右丞等。光绪三十三年（1907），任督办延吉边务兼吉林省各军翼长、署珲春副都统。宣统二年（1910 年 7 月 23 日）署吉林巡抚，次年实授。民国元年（1912），陈昭常被推举为吉林都督，次年兼吉林民政长。民国三年（1914）10 月 15 日病逝。著有《廿四花风馆诗词钞》《廿四花风馆文集》行世。

夫子大人函丈：道

囑擬呈致簡始中丞函，乞

削政後發還，冕當手繕並函逕

寄，抑呈上轉寄，統祈

示遵。肅叩

崇安。受業冕鈞肅上。廿七午

徐琪致张亨嘉信札

光绪二十六年闰八月三十日

联军在此，每日须百万。据美使说，大家难说。若论我美，念中国苦况，即不谈兵费均可。纵无此事，而其言真令人感念矣。西安各物腾贵，白菜近百文一斤，面八十文。西安来电，仍将次单中如胡金桂等许多人磋磨，可谓小事了了者矣。而此间情形之急，当不计也。数日前，时有各使来言，请获鹿之军返入山西界内。如果不返，各军总想前进。一想升官，一得宝星，三想剽掠。说张〔刘〕光才[1]之炮台，兵到，亦不过三点钟即可了事。说瓦帅决意廿九发一千，初一大队前进。劝之不止，须速电退兵。此法使之关照也。随后得〔德〕使及直藩[2]禀均此说法。于是五电往西安，杳不回电。昨岑[3]来电云，候伊到省，待三月二十前后，当令兵退。于是又急电前往。昨始接西安电，云嘱退兵，然此间已拦阻不及矣。只与相商，请将刘光才逐去后，即勿深入。未知能从其言否？恐晋境縻烂矣！处陕中者，抑何梦梦至此。昨周藩到法、英馆，据闻该费开出约四十千万，每年约二千万。周云二千万力不能应，能得每年抽一千一百万，何如？据美人说，如要借款，必须将物抵押，八扣六厘。英、美二处，请周、徐、那三位，朔午至馆，先密言一次。

卅

1 刘光才（1840—1918），号华轩，湖南新宁白马田人。出身贫苦，出走投军。后随江忠义追剿太平军，保荐参将，赏戴花翎，后历任苏州城参将，江宁城守协副参将，九江镇、大同镇总兵，广西、贵州、上海淞江提督等职务。光绪二十六年（1900），八国联军攻陷天津、北京，慈禧太后挟光绪帝逃至陕西。时任大同镇统制的刘光才奉旨由江宁率部取道山东、河北，急返山西加强防务。在井陉，修筑关卡、长墙、炮台，开挖地洞地营，埋设地雷，迎击西犯的侵略军。1918 年 2 月 22 日病故。

2 此处的直藩及下文参与密谈的“周”，均指直隶布政使周馥。

3 指岑春煊，时任陕西巡抚。

联军在此每日须用款拟美使说大家难说若论我无免中国若说即不该兵费似可从无此事而费亦
真令人咸念矣 西安各物腾贵 白米近日又一斤数八十文
西安来电约将该第中如胡金桂等许多人
殊属所谓小事了了未必大而此间情形
之急尚不计也

世愚姪吴和翀

前日前时有各使来言请发庶之军近入山西界内如果不退各军拟想前进
惠此发一得宝星之想刘孙说张光才之炮台兵则亦不过二三点钟即可了事说
元帅洪意先着千两一大队前进剿之不止须速电退兵此法使之闹定也随后得
发及直隶宪将此先行打并五电往西安竟不回电昨岑来电云俟伊到省约二月
二十前后皆令兵退昨（据岑因意各兼前往）据接西安电云深退兵并此间已调阻本友英兵马相商请将刘光
才退来后即勿深入未知彼们只言吾照晋境磨烂矣实误中女抑何蒙之至此时周旋
明该英使拟阅该费闻去行四年四百万每年约二千万周云二千万方不致应能得每年抽千万万何以拟美
大说好要借款必须将所抵押八扣六厘英美二处请周详办之后朔年五须先密商一次 世

关冕钧致张亨嘉信札

光绪二十六年闰八月三十日

夫子大人函丈：

遵谕缮致孝先函，乞汇寄前途。昨取汀州联、西庙堂两件，经承面示，价略有成议。谨先缴呈京足票伍拾两，俟定价不敷，候示补缴。珏生清湘册轴，祈饬检掷，来价携返为荷。肃请

崇安

受业冕钧　谨肃

三十

夫子大人函丈：遵

諭繕陵孝先園，乞彙寄前途。昨

取汀州联、西廟堂兩件，往承

函示，償略有成議，謹先繳呈京足

票伍拾兩，俟定償，不專候

示補繳。汪生請湘冊軸，祈

飭檢擲來价携返為荷。肅

請

崇安

受業晁鈞謹肅 三十

李希圣致张亨嘉信札

光绪二十六年十月十一日

夫子大人：

侍者二十六日拜别[1]，薄暮始抵通州。西门外繁盛之区，均成一炬，断砖焦土，目极心伤。二十七日坐船由通启行，洋兵四人护送，天气严寒，风餐露宿，同行者多病。到天津则河几欲冻，又向美官借小火轮，拖带至塘沽。初四日，坐太古商船渡海。同行者为策安[2]、严生[3]、颂年[4]、叔进[5]、丙青[6]、莲午[7]、石帆[8]，惟君和[9]落后，渠欲坐招商船故也。初九日始至上海，人人有生还之喜。黄小鲁观察招饮洗尘，莫不大醉，乐可知也。沿途所见，若河西务、杨村、北仓皆一片瓦砾，惟天津洋房如故，民房则残毁不堪矣。长芦之盐，开平之煤，云屯山积，皆属他人。尤可惨者，沿河数百里之间，高粱麦稻无人收获，委为尘泥。坐使神州陆沉，生灵涂炭。王夷甫诸人[10]，实不能辞其责。上海繁华如故，天气亦甚暖，改服小毛矣。大沽口外兵船泊者百数十，夜则灯火繁盛如市。吴松（淞）口外亦有兵轮。此行渡海幸不遇风，尤异事也。文芸阁[11]、宋伯鲁[12]、张菊生[13]、汪穰卿[14]诸人均在沪上。

南中拿富有票颇急，株连甚多，惟不敢及于租界。希圣自出京后，见闻隔绝。此后诸事求吾师属钞胥录出，免致放失。尚拟赓续成文，以备史官之采。此间獐气太重，万不可久居。拟即起行，大约冬月便可归湘。然家徒四壁，不久仍当复出。又不乐浮沉郎署，颇思训练数千人自成一军，参用西法，未知能得一所藉手否也。玉苍[15]，石孙[16]，扆丹[17]，莲峰，徵宇[18]，古微[19]，佑遐[20]，晦若[21]，聘三[22]诸公晤时，求吾师代致意，为祷。希圣有一车及东洋磁过水筒在湘乡馆，临行忘交与长班，求吾师饬纪传，谕其好为藏护。琐碎上渎，无任悚惶。临行承示一节，已缄达周、李二君矣。肃此，敬请

崇安

受业希圣　顿首谨上

十月十一日

受业罗维垣、郑沅并叩

严生、颂年[23]属附问候

1　见高枬《庚子日记》，210 页。“（九月）廿六日：五十三度。汪颂年清晨交一字来，有信件代收，交曾慕陶；又言不告假。曾君和、履初、李亦元、黄泽安、杜翘生、洪毅父、王丙青今日皆行。”

2　即黄泽安。

3　杜翘生。

4　即汪诒书。

5　即郑沅。

6　即王丙青。

7　即洪毅父。

8　即罗维垣。

9　即曾广銮。

10　王夷甫本来指王衍（256—311），字夷甫。琅玡郡临沂县（今山东临沂北）人。西晋末年重臣，玄学清谈领袖。此处暗指王文韶、荣禄等军机大臣。

11　即文廷式。

12　宋伯鲁，字芝栋，晚号芝田，陕西醴泉人。

13　即张元济，字筱斋，号菊生，浙江嘉兴府海盐县人，光绪壬辰科（1892）进士。

14　即汪康年。

15　即陈璧。

16　即黄曾源。

17　郑叔忱，字扆丹，福建长乐县人。

18　陈懋鼎，字泽铉，号徵宇。行一。福建福州府闽侯人，光绪庚寅科（1890）进士。

19　即朱祖谋，原名孝臧，字藿生，一字古微，号沤尹。晚仍用原名，有号彊邨。古微或作古薇。

20　王鹏运，字幼霞，一字佑霞，自号半塘老人，晚号半僧、鹜翁、半塘僧鹜，广西临桂人。

21　即于式枚。

22　即王乃征。

23　即汪诒书。

畧 布聖自出京後見聞偶紀此後諸事求吾

師屬飭胥錄出免致放失尚擬賡續成文以備

史官之采此間瘴氣太重萬不可久居擬即起

行大約冬月便可歸湘然家徒四壁不久仍當復

出又不甘浮沈郎署頗思訓練數千人自成一軍參

用西法未知能得一成藉手否也玉表不勝展丹蓮

峯欲穿古微伯近臨穎瞻之諸乞時附示吾

師代致立名穆 布又有一車及東洋硃過水留在

湘鄉館昨行亦交與長班求吾

師飭伊傳諭其好為藏護瑣碎上瀆無任悚惶昨

行承

示一節已函達周李二君矣書此敬請

崇安 受業布聖拜之謹上 十月十一日

受業羅維垣鄭沅並叩 嚴生頌年屬附候

夫子大人侍者：二十二日辞行，薄暮始抵通州西门外，
繁盛之区均毁一炬，新砖焦土，目极心伤。二十七日坐船
由通首行，洋兵男人护送，天气严寒，风餐露宿，同
行者多病。到天津则河冻，欲乘美商借小火轮
拖带至塘沽，初四日坐太古商船渡海，同行者为第安
葆生侄年叔，适丙青遂年丈帆，惟君和后集欲坐
招商船，故于初九日始至上海，人人有生还之喜。黄小
鲁观察招饮洗尘，莫不大醉，其可知也。沿途一路见其
河西务、杨村、北仓皆一片瓦砾，惟天津洋房如故，民房则
残毁不堪矣。长芦之盐，两年之煤，电屯山积，皆属
他人，尤可惨者，沿河数百里之间，高粱多稻无人收
获，委为尘泥。坐使神州陆沉，生灵涂炭，王夷甫诸
人实不能辞其责。上海繁华如故，天气亦甚暖，改
服小毛矣。大沽口外兵船泊者百数十，夜则灯火繁盛
如市矣。松口外亦有兵轮，此行渡海幸不遇风，尤异

李希圣致张亨嘉信札

光绪二十六年十月十七日

夫子大人：

侍者十二日邮递一函，述沿途大概情形，想登签记。希圣出京时本衙门并未请假，亦未起咨赴行在，仅托曾慕陶[1]侍郎领俸而已。昨至沪闻又有清查京官之说。希圣在浙江司，主稿者为吾师同乡，恳乞设法代为弥缝。必不得已即请假亦可，若需同乡官印结，问慕陶侍郎代取当可得也。区区一官，本不足惜，姑留此为再出地步。想吾师当鉴此微衷也。琐屑上渎，无任主臣。 希圣拟十九日坐招商船至汉口，沿途并不勾留，十一月中旬即可还家。明年春夏之间再定出处之计。肃此，即请

崇安

不庄受业 希圣　顿首再拜

十七日

1　曾广汉（1867—1913），字纯一，号慕陶，又号琛远，湖南双峰县荷叶镇人，曾国荃孙，曾纪瑞长子。曾任礼部、刑部、户部侍郎，署右侍郎。

夫子大人侍者十二日郵遞一函述沿途大概
情形想登
籤記 希聖出京時本衙门並未請假亦未起
咨赴 行在僅託曾慕陶侍郎銓偉字已
昨至滬聞又有清查京官之說 希聖在浙
江司主稿若為吾
師同鄉熟人
設法代為彌縫必不得已即請假亦可從
書同鄉京官印結向慕陶侍郎代取當可得也
區區一官本不足惜姑留此為再出地步想吾
師當鑒此微衷也瑣屑上瀆無任主臣 希聖
擬十九日坐招商船至漢口沿途並不久留
十一月中旬即可還家明年春夏之間再定
出處之計專此即請
崇安不莊 受業希聖頓首再拜 十七日

徐琪致张亨嘉信札

光绪二十六年十月二十六日

顷有人由城内开来《节略》一纸[1]，比早间示我者似多两段，不系可信否？若真如此结局，揆之情理犹不为劣，但照第三条不易遵行[2]。缘此事上下蒙蔽已久，若由彼彻底清厘，则永远归其经理，从此催科之吏可不设矣。十二条中惟此后患最大无比。公见以为然否？合肥闻于廿七日准到（传此语者另是一人）。廿八日定约，初一日撤兵矣。此信甚确，敬以奉闻。手此，敬请

侍安

两知

廿六日

1 《节略》是联军方面磋商后形成的交涉意见，十月二十五、二十六日已有传闻。但因李鸿章“患病”耽搁谈判数日。《节略》内容大致为各国处理善后事宜的外交照会。见故宫博物院明清档案部编：《义和团档案史料》下册，光绪二十六年十一月初一日《全权大臣奕劻李鸿章电报》，北京：中华书局，1959年，第832页。

2 根据后文可以推知，手札中所讨论的第三款内容当为该电报中的第六条内容。见杜春和等编：《荣禄存札》，光绪二十六年十二月初四日，《奕劻致荣禄札》，济南：齐鲁书社，1986年，第7–9页，“西安军机处：〔宙密〕顷由美使署传抄草约各款，择由节略，条款次序不能为准：六、由天津至北京沿途应设洋兵卡”。

頃有人由城內聞來，昔晚丁寧託早問
示我者，似為拙後，而得手作屋莫書與此後為搭
之情理難而前，但延第三集，而為營行緣此事
上下隱蔽已久，莫由徹底清釐，則永遠歸世經濟
此係彼等之意，可否復集十二年中，此此後集最大出役（係此語集弟之乙）
若見何如我意否，會過聞難世書準到世分定紹可百徵
無集此件甚磋殺以奉
聞手此敬請
兩征
世晉
待安

徐琪 致 张亨嘉 信札

光绪二十六年十月二十八日

再，前信已封，又奉复示，知定后日立约。然前数日仓皇，而我等日日前往。近日已有端倪。特不往，不知者恐以我为怯，而未见前日之勇也。昨上马时，家童将马系各车后，伊见车起，要追及，大驰，甚险。及出城遇大队，如十九然，又突围出，我马重生，可谓无愧矣。再请

台安
仍候尊示

弟顷又有函商，絅兄或分班前往，似较好看。好在兄之太原限请也。又及。

再啓者，近敬之事

頃示親宗後四五仍然，方數日念白之，再和等數之

敬發近日已有請，便待不能不知友理所抑，務持而

尊見，前日之言也。昨上書，何亦三義收焉，粘又

（臨）李伊兒来報，云甚近及大動甚，險及出城選

壽陽五十九紙又寫，國必或屬危生，西報

無疑念，再請

台祉，以上布

张亨嘉信札

张亨嘉族兄致

光绪二十七年二月二十日

六弟大人左右：

前年来信共接六分（份），未及提明，疏极。旧年由满人寄上墨八斤，图石四付，台席一领，来信亦未言及收否，念之。正月十三四接得手函，即于十七八拨去净光英番□□百元，并年内拨京平海关银二十两，均交曾耀沧山长。兄询问收条，据道已寄弟处，收否？务即示知。正月初九已代上墓，墓色极佳，有方兴未艾之象。兄近来事事坎坷，代拨之款尚由别处赊息挪来，钞店实无可拨。闽中人心坏极，倒欠习旧故常，兄被人挂欠不下数千千，致钞店无得收局。欲控官追究，而衙门习气，非钱则情。若无吾弟一信，万难得手。颇与曾耀沧商量，渠亦归重弟说。想昆季至情，当不惜一举手之力，作数行书与当道或闽县，定能从风速办，则尚幸多矣。黄茂敬女旧年十一月十六日出阁，有贴并饼四块寄与吾弟。兄拟不收，似乎未便。贺礼尚未包送，由弟自酌，贴太重未寄。织缎巷福秦磨房关闭日久，旧十一月十八租开三记粮店。每月租钱十千，闰月无租，贴修理一个月。后街光禄坊，以十二月念（廿）二亦已租开庆春林茶叶栈，月租伍仟捌佰文，闰月无租。前因孀妇身住，贴搬三个月，以免费气，并贴新租户修理二个月。兄已移寓西门街雅淑巷（钱店仍闲旧厝，如寄信仍旧），诸事忙迫，延今方能作覆。京寓平安，良可解怀，吾弟宜万分珍重为要。闻两宫回銮有日，吾弟定能日升，尤为厚望。兄数十年心血，非为人累，即为人欠，前功几于尽废。唯祈吾弟鼎力垂照，俾得一好收场，是为至感。此颂

升安

叔母大人前叱名叩安

姨太、忭姪均好，念念

兄铭　顿首

二月二十日

六弟大人左右：前年來信共接六分，未及提明，疏極。舊年由滿人寄上墨八斤、圖石四付、臺
席一領，來信亦未言及收否，念念。正月十三日接得手函，即于十六擬去淨光英番收領，并身內
樓京平海關銀二十兩，托交曾耀滄山長，兄詢問收條，據道已寄弟處，惟否務即示知。
正月初九已代上墓，墓地極佳，有一方矣，真吉之象。兄近來事事坎坷，借撥之款尚由何處賜見
擲來，錢存家無可撥，閩中人心壞極，倒欠習為故常，兄被人拖欠不少，對手千數錢
存無從收回，欲控官追究，而衙門習氣非錢則情，若無吾弟一信，萬難得手，頃與
曾耀滄商量，渠亦歸重吾弟，謹想見季至情，當不惜一舉手之力，作對行書與當道
或閩縣，定能從風速辦，則為幸多矣。黃氏敬女舊年十月十六日出閣，有奩餅四塊
寄與吾弟，兄擬不收，似于未便，賀禮尚未包送，由弟自酌，贈太重，未寄織緞巷福泰號
房閑日久，舊十一月十八租與三花棧，每月租錢十千，閏月無租，嫁修理一箇月，後衍先
祿坊口十二月念式亦已租與慶春林茶葉棧，月租伍千捌百文，閏月錢亦在前因霜扇有
後姪撥叁箇月，以免費氣，并貼新租一月修理，式箇月。兄已移寓西門街，雖敗巷，諸事
於追逐，今方能作覆京扇年安，良可解懷。吾弟宜萬分珍重為要。聞
兩宮回鑾有日，吾弟定能日陞，尤為厚望。兄數十年心血，非為人累，即為人欠，前功幾
乎盡廢，惟祈吾弟鼎力維持，俾得一好收場，是為至感。此頌
陞安
叔母大人前代名叩安　姨太、弟婦念念　怀姪
兄 鍅 頓首　二月二十日

张亨嘉族兄信札

张亨嘉 致

约光绪二十七年三月

丙第六号

五哥大人左右：

月之 日又寄五号复信，日接七号来函，并抄稿均悉。郑克斋一禀妙极，于我们极为有益。陈某后呈亦颇利害，幸有克斋此举助我，可谓当心一锤，可见伊所禀皆虚矣。至托洋人托巨绅之说，均系恫喝之词，毋为所动可也。来信谓手足至情，久无音信等语，未免过疑。弟复信已寄数次，想当先后收到。官场惟秦守可以通信。前信已言之切实，彼如肯一说，必可少助。至上司素无交情，遽尔唐突，恐或有损无益。且看讯后如何，再作计议。吾兄急难至此，弟岂有坐视之理，惟恨远隔数千里，鞭长莫及，不胜惘惘。事体如何，希常赐示。复请

时安

弟亨嘉　顿首

丙第六號

五哥大人左右月之　日又寄五號復信　日接七號來函並抄稿均悉鄭克齋一稟妙極於我們極為有益陳某後呈亦頗利害幸有克齋此舉助我可謂當心一鎚可見伊所稟皆虛矣至託洋人託巨紳之說均係恫喝之詞毋為所動可也來信謂手足至情久無音信等語未免過疑弟復信已寄數次想當先後收到官場惟秦守可以通信前信已言之切實彼始肯一說必可少助至上司素無交情遽爾唐突恐或有損無益且看訊後如何再作計議吾　兄急難至此弟豈有坐視之理惟恨遠隔數千里鞭長莫及不勝惘惘事體如何希常

賜示復請

時安

弟亨嘉頓首

李希圣致张亨嘉信札

光绪二十七年九月二十七日

夫子大人侍者：

合肥予谥文忠，仁和接全权之任。袁慰廷督北洋。张安圃[1]调山东，仁和暗于外情，想时局又有变动矣。庆邸业已奉诏还京。手肃，敬叩

崇安

希圣　谨禀
二十七日

1　即张人骏，时调任山东巡抚。

夫子大人侍者　合肥予謚文忠仁和接全權之任袁慰
廷督北洋張安圃調山東仁和暗於外情想時局又有
變動矣慶邸業已奉
詔還京手肅敬叩
崇安
布聖謹稟
二十七日

林文熿致张亨嘉信札

约光绪二十九年八月初

八月初八日到。

燮翁大兄世大人阁下

敬启者：

别后久未笺候，疏懒殊甚，藉在挚交，谅不见罪。诸惟起屋，佳胜允符，私祝为荷。前阅报章，知拔贡考试，兄派充阅卷大臣[1]，极为欣幸。公门桃李，原非为私，远道故人闻之殊慰。盖当此科举废罢后，硕果仅存。得此诚属旷典，健羡健羡。弟蒙兄拔擢，竭其驽钝之才，惟恐以陨越贻羞，致负盛意。遇事弗敢稍懈，只此一节为兄所素信，碌碌无他长，深自惭愧。每日除到局奉公外，亦无所事。差幸贱躯粗适，藉慰倚怀耳。兹适同乡王耀扶（官章永炅）[2]兄晋京，托渠带荔枝干、李枣二件，到时查收。区区薄物不足言馈，聊以藉表微忱而已。京中气候当已寒冷，诸祉珍摄，并希时惠。

教言以匡不逮。甬此，敬请

台安

小弟林文熿　顿首谨上

1　见《邸抄》第108册，北京：北京图书馆，2004年，第55054–55055页。“大理寺少卿浙江学政臣张亨嘉跪奏，为恭报微臣任满交卸日期，仰祈圣鉴事”。

2　王永炅，字永扶、耀扶。清末举人，曾出国游学。历任京师高等实业学堂教习，国立北平工业大学、北平大学工学院教授。

首 初八日到

夔翁大兄世大人閣下敬啟者別後久未箋候疏
懶殊甚藉承摯交諒不見罪諸惟
起居佳勝允符私祝為頌前閱報章今拔
貢考試兄派充閱卷大臣極為欣幸
公門桃李原所為私遠道故人聞之殊
慰蓋當此科舉廢罷後碩果僅存
得此誠屬曠典健羨健羨弟蒙兄拔
擢謬至駑鈍之才惟恐以隕越貽羞致
負盛意遇事弗敢稍懈祗此一節為
兄所素信碌碌無似長深自慚愧每日除
到局奉公以外不務他事差幸賤軀粗
適藉慰
倚懷耳昨適因御史王耀枝兄晉京托（宜章永吳）
渠帶上荔支乾李棗二件到時查收區區
薄物不足言饋聊以藉表微忱而已京中
氣候當已寒冷諸祈珍攝並希時惠
教言以匡不逮肅此敬請

寿鹏飞致张亨嘉信札

约光绪三十年七月

夫子大人函丈：

朔南万里，杖履久违。三月以来并疏禀牍，实缘前奉示谕，于四五月间，麾旆北上，恐中途相左，以致迟迟。近闻师座于六月初抵沪，遥维海航安稳，蚤逮京华。虽日近长安，犹是礼庐之岁月，而岳宗泰岱，稍依山斗之末光。矫首喁喁，无任瞻恋。鹏飞宰农期月，才绌事繁。九年筹备各政，幸毋贻误限期，而发白种种，皤然一翁。加以绝塞民俗悍僿，胡匪如猬。日治兵事，时闻战声。古人从军交何，形之歌咏。今日之去交何，又不知其几千里也。锡清帅[1]巡视吉省，迎谒颇蒙奖许。近来年谷时熟，民信尚孚。六月间水涨波及，稍有灾象，尚可以慰师廑。

此禀到时，敬乞赐之复谕，俾鹏飞知师座之已抵都门也。专肃，祇敬

崇安伏维

珍卫不戩

受业寿鹏飞[2] 谨上

1 即锡良。

2 寿鹏飞（1873—1961），谱名祖泗，字洙邻，绍兴人，绍兴三味书屋塾师寿镜吾（鲁迅业师）次子。清光绪二十九年（1903）优贡，次年优贡会考获一等第一名，任吉林农安知县，后任东三省屯垦局科长，兼屯垦养成所所长、东三省盐运司科长，热河行政公署秘书长兼总务处长，山东盐运使，北京平政院首席书记官等。

夫子大人函丈朔南萬里

杖履久違三月以來併疏稟牘實緣前奉

示諭於四五月間

麾旆北上恐中途相左以致遲遲近聞

師座於六月初抵滬遙維海航

安穩蚤逮

京華雖

日近長安猶是

禮廬之歲月而

嶽宗泰岱稍依

山斗之末光矯首喁喁無任瞻戀鵬飛宰農期月才紬事繁九年籌備各政幸毋貽誤限期而髮白種種皤然一翁加以絕塞民俗悍僿髯匪如蝟日治兵事時聞戰聲古人從軍交何形之諷詠今日之去交何又不知其幾千里也錫清帥巡視吉省迎謁頗蒙獎許近來年穀時熟民信尚孚惟六月間水漲波及稍有災象尚可以慰

師座此稟到時敬乞

賜之復諭俾鵬飛知

師座之已抵都門也專肅祇敂

崇安伏維

参衛不戩受業壽鵬飛謹上

学堂公示

约光绪三十一年九月二十五日

照得上年，学务处传谕各学堂，学生非在操场不准穿操衣，业经牌示在案。诚以操衣所以便操场之用，非可为随时常用之服也。古者军容不入国，国容不入军，今端午帅奉使绝域[1]，本珪璪辖轩之职，非边帅凯旋入京者比。诸生肆筵祖道而忽以军容相见，袀服振振，履声橐橐，甚非所以示敬也。且燕飨自有中国冠服，天子当阳，岂可以服之不衷，致滋物议。明日本总监督当派员稽查，如或阳奉阴违，定必从严办理。诸生其各凛遵。特示。

1 指端方等五大臣出洋考察一事。端方，字午桥，曾任江苏、湖南巡抚，故称端午帅。1905年（光绪三十一年）七月，清政府为了挽救危局，不得不接受了资产阶级改良派"立宪"的口号，挂起"预备立宪"的招牌，决定派镇国公载泽、户部侍郎戴鸿慈、兵部侍郎徐世昌、湖南巡抚端方、商部右丞绍英等五大臣分赴欧美日本等东西洋各国考察宪政。同年九月二十六日启程，因遭遇炸弹暗杀，载泽和绍英受伤，代之以李盛铎和尚其亨，二十八日最终成行。

照得上年 學務處傳諭各學堂學生非在操場不准穿操衣業經牌示在案誠以操衣所以便操場之用非可爲隨時常用之服也古者軍容不入國國容不入軍今端午帥奉使絶域本珪璪輶軒之職非邊帥凱旋入京者比諸生肆筵祖道而忽以軍容相見袀服振振履聲橐橐甚非所以示敬也且燕饗自有中國冠服 天子當陽豈可以服之不衷致滋物議明日本總監督當派員稽查如或陽奉陰違定必從嚴辦理諸生其各凜遵 特示

但旭旦致张亨嘉信札

光绪三十二年八月

八月初八日到。

老伯夫子大人函丈：

昨奉手谕，备承关爱。情以旧而益挚，道以久而弥敦。知遇之恩，感难笔罄。旭旦滥竽浔局，四月于兹，虚掷光阴，无所事事，入不敷出，赔累已深。东海[1]既入枢垣，局势变更，此差亦难保守。黑龙江之行，诚非得已。准于八九月之交，假道都门，面聆训诲。陆凤老[2]如得周少帅覆书，尚求示及。无任感企。抑旭旦更有渎者，旭旦本系奏调东三省人员，辽阳税差，年满交替，并非因过撤差。此次系请假就医，原资未断，名籍犹存。锡清帅[3]现奉召入觐，必可与凤老接晤。敢求再商凤老，向其一为提及，以探口气如何。即赴黑省，亦不能出其范围，惟只言旭旦病痊将回奉销假。现在电局供差，不可使知，因其与东海素反对也。凤老前，总乞婉词善道，免以再三之渎见责。如允成全，以速为妙。锡帅早已到京，想不能久作勾留也。干冒尊严，悚惶万罪。匆肃叩谢，敬请

崇安伏祈

慈鉴

受业姪但旭旦[4]谨禀

附呈衔条一纸。

1 指徐世昌。

2 即陆润庠。

3 指锡良。

4 但旭旦，字子东。清末在东北任地方官员。民国初年曾任司法部官员。

老伯夫子大人（六月初四到）函丈昨奉
手諭備承
關愛
情以舊而益摯道以久而彌敦
知遇之恩感難筆罄旭旦濫竽滬局四月於茲虛擲光陰
無所事事入不敷出賠累已深 東海既入樞垣局勢
變更此差亦難保守黑龍江之行誠非得已準於八九
月之交假道都門面聆
訓誨 陸鳳老如得 周少帥覆書尚求
示及無任感企抑旭旦更有瀆者旭旦本係奏調東三省
人員遼陽稅差年滿交替並非因過撤差此次係請假
就醫原資未斷名籍猶存 錫清帥現奉 召入 覲去
可與 鳳老接晤敢求
再商 鳳老向其一為提及以探口氣如何即赴黑省亦
不能出其範圍惟只言旭旦病痊將回奉銷假現在電
局供差不可使知因其與 東海素反對也 鳳老前
總乞
婉詞善道免以再三之瀆見責如允成全以速為妙 錫
帥早已到京想不能久作勾留也干冒
尊嚴悚惶萬罪匆肅叩謝敬請
崇安伏祈
慈鑒 受業姪但旭旦謹稟
附呈衔条一紙

张亨嘉致荫昌信札

约光绪三十三年二月

荫伯仁兄[1]大人左右：

顷奉手札，敬悉一是。本届考拔礼部，将贱衔列单，（注：蒙字被涂改）已邀宸览（恩点派三字被涂改），足见毫无不合之处。此次考优，事同一律，贵处可（是字被涂改）否照前开列，希商之诸君子，回堂办理。敬候示遵，专泐布渎。祗请

勋安

不宣

愚弟张亨嘉　顿首

1　荫昌（1859—1928），字五楼，午楼，满洲正白旗人。清末陆军大臣。早年毕业于同文馆。后留学德国，习陆军。归国后历任北洋武备学堂总办、出使德国大臣、江北提督、陆军部侍郎、尚书等职。武昌起义时，奉命率军赴武汉镇压，屡败。民国成立后，曾被袁世凯任为总统府高等顾问、侍从武官长、参政院参政和参谋总长等职，袁世凯死后，荫昌在北洋政府仍任高职。民国十七年（1928）病逝。

蔭伯仁兄大人左右頃奉

手劄敬悉一是本屆考拔禮部將銜闈單蒙

恩點派足見毫無不合之處此次考優事同一律

貴處是否照前開列希商之

諸君子回

堂辨理敬候

示遵專泐布瀆祇請

勛安不宣

愚弟張亨嘉頓首

张亨嘉致荫昌信札

约光绪三十三年二月

贵处议者，颇有异同（注：划掉“碍难开列之说”六字），敬祈我公钧裁。于明日莅政事堂，折衷一是（注：划掉“将此节宣示主持”七字），不胜感盼。晚非必断断于此，诚恐此项不开列，后来无论何项均不得开列也。敢布区区，伏惟垂察。并叩

钧安

晚张亨嘉　顿首

貴處議者有礙難開列之說敬祈我

公於明日蒞政事堂將此節宣示王將不勝感盼晚

非必斷斷於此誠恐此項不開列後來無論何項

均不得開列也敢布區區伏惟

垂詧并敂

鈞安

晚張亨嘉頓首

张亨嘉致荫昌信札[1]

约光绪三十三年二月

贵处议者颇有异同，敬祈我公钧裁。于明日莅政事堂折衷一是，不胜感盼。晚非必断断于此，诚恐此项不开列，后来无论何项均不得开列也。敢布区区，伏惟垂察。并叩

钧安

晚张亨嘉　顿首

1　此系前信誊清稿。

貴處議者頗有異同敬祈我

公鈞裁於明日蒞政事堂折衷一是不勝感盼晚非

必斷斷於此誠恐此項不開列後来無論何項均

不得開列也敢布區區伏惟

垂詧并敂

鈞安

晚張亨嘉頓首

左雏麟致张亨嘉信札

宣统元年八月十八日

受业左雏麟[1]敬禀：

夫子大人钧座，违侍欸欸二年矣。白云在天，山川间之。瞻仰师门，如在天际。比维小雅道丧，四夷交侵，国步艰难至斯，而极苍生系望，隐属吾师。盖英雄不与时执为转移，而能转移时执者也。南房一席其久屈乎。顷得法政姚教习札，诚惶诚恐，忧惧罔知所措。明识先生时时系念，及门而久疏问候，负罪奚如，然此心决不忍以谎词进请。质言之，先是春初，二儿全行病目，几成青盲。由正月四日服药，至五月廿八日乃愈。经济困难可揣而知。而中间二月廿八日忽卸统计差，得富安缉私薪水止十四两，而克扣犹重。以是奔走俗尘，冀或一遇，而皆为捕风捉影之举。幸得富安后一二日间即于该处紧要情形至为熟悉，运宪有问必对，有对必详，而上峰乃以为大奇，于是为派督场差。此差优而例属海分司派委，且正间六场皆已派定，遂详悉再为回（明）示。运宪乃不得不改用手书，嘱海分司另委兼差，以资津贴，而仅得催捆运委事，如是其难也。近日合计两差，月可得薪水八十圆整，安贫乐道，一切皆为相宜。而覃恩请封在即，乃不能筹银四百余

1 左雏麟（1859—1931），名庇生，衡阳曲兰镇人。30岁中举人，32岁中进士，分发知县职，以丁忧归，在家研究地理和农桑之学。服满，被委为江苏盐场大使。刚到任，又受四川巡抚召治理西藏，因川民起义阻于成都，未得进藏。辗转回乡后，潜心研究农学和当代中国及世界史，不再出仕。著有《说肥》《说蚕》《说猪》及《藏乘》《教学录》《旅顺痛史》《耐园杂钞》《广楚梼杌》《法夷窥越始末》诸书，并辑诗文为《耐园杂抄》。

2 指梁鼎芬。

3 指端方。

两，以遂显扬。俯仰高厚，无地自容。又适承前湖北臬司梁[2]、直隶总督端[3]有意资送入藏。念此固吾师素志也。别时殷殷以驻藏大臣相期，至此或竟以时执所迫，奋志入藏，以副深期。未始非人生豪举，自此议定后，日日经营筹备不离，结稳伴，备盘川，而要件益搁致，不复理致。洎得姚信，自审咎戾滋重，如鳌戴亡，而悔已无及矣。刻定九月十五日后三日，或最迟三四日，由鄂入川，嗣必由川入藏。从此距函丈益远，念函丈亦日益亲。故目他无所求，所欲得者吾师小照一张而已。近四五日内心绪怅惘，四顾似皆无聊赖。恐或以笔墨不慎，益干师怒，临禀无任战兢待罪之至。肃此，敬叩

道安顺颂

节禧

师母大人处恕未另禀叩安

世兄及孙世兄均此致意问候

中秋后三日　顿首谨上

高厚無地自容又適承　前湖北臬司渠　直隸總督端有
意資送入藏念此因吾
師素志也別時
殷〻且駐藏大臣相期至此或竟以時埶所迫奮志入藏以
副　深期未始非人生豪舉自此議定後日〻經營籌畫不
啻結穩伴備辦行而要件益捆致不復致[理]消得姚信自審
咎戾滋重如鼇戴山而悔已無及矣刻定九月十五日後三日
或最遲三四日由鄂入川嗣又由川入藏從此距
函丈益遠念
函丈亦日益親故目下他無所求所欲得者吾
師小照一張而已近四五日內心緒怏怏四顧似皆無聊賴恐或以
筆墨不慎益干
師恕臨稟無任戰兢待罪之至肅此敬叩
道安順頌
節禧
師母大人處恕未另稟叩　安
世兄及孫世兄均此致意問候
中秋後三日頓首謹上

受業左雒麟敬稟

夫子大人鈞座違
侍欵欵二年矣白雲在天山川間之瞻仰
師門如在天際比維小雅道喪四夷交侵　國步艱難至斯
而極蒼生繫望隱屬吾
師蓋英雄不與時埶為轉移而能轉移時埶者也南房
一席其久虚乎頃得法政姚教習札誠惶誠恐憂懼罔知
所措明識
先生時時系念及門而久疎問候負罪奚如然此心決不忍以諉
詞進請質言之先是春初二兒全行病目幾成青盲由正月四
日服藥至五月廿八日乃愈經濟困难有揣而知而中間二月廿八日
忽卸統計差得富安緝私差薪水止十四两而虧扣猶重以是奔
走俗塵冀或一遇而皆為捕風捉影之舉幸得富安民一言
聞即於該處緊要情形垂為熟悉　運憲有問必對有對
必詳而　上峯乃以為大奇於是為派督掃差此差僅而例屬海
分司派委且正月間六掃皆已派定遂詳憲委為回示明　運憲
乃不得不改用手書稟海分司另委兼差以資津貼而僅
得催捆運委事必是其难也近日合計兩差月可得薪

萧健致张亨嘉信札

宣统元年九月二日

燮钧仁丈大人阁下：

睽违四月，奚啻三秋。敬惟礼祉胜常，潭祺多益为颂。前下旬初于公所见尊定《存古章程》及学说，体大思精，钦佩奚似。日昨幼轩又送阅与诸人，公函具悉一切。弟株守如恒，漠无所向。陆军小学，旧生已经毕业，新招月底即当开课。其总教俞君秉父，曾私询其总办，是否添健教习？据答新旧人数相去不多，不添亦可。虽前曾允侍郎，俟时再看。不知实系不添，抑另有人（谋者甚夥）？俞总教谓事太繁，尽宜添派，而幼轩[1]以商业风潮前此语弟，陆军似不合兼。至是，欲用健为商业。弟谓叶总办定不添健，事后倘有责言，必诿为以已有公所高就故，况兼商业，则愈与以藉口。故婉辞谢。弟恳幼轩特为面叩叶总办，若仍满口应允，自不得翻。乃幼轩覆字云，闻就原有教员中支配新班钟点。若有增聘，舍丈其谁？直决绝语。自未为兄总办，又不当为再三之渎。窃思承丈注意陆军，况又再三结实，乃为所卖乎？存古是否胜任，殊当自审。然学司昨拟饬各郡邑招考生徒，闻学堂亦尚未一草创，众皆谓系来年事。翊亭昨仍返沪，又闻叔毅[2]大病。弟今年因偿汀人试馆租频窘，陆军即十月入堂亦不无小补。俟存古成立，斟酌所胜余一，亦必请示让贤不已。恳速函致叶总办，第云新生兹届开课前，允所荐萧某教习，自承添派。特申谢悃，似无不可。渠必无辞。余容续罄。专此，敬请

潭安

叠荷照拂，非言可宣。诸惟心鉴为益。

研小弟萧健　顿首

九月二日夜泐

1　当即于君彦，字幼芗。时任福建商业学堂监督。

2　陈宝璐 (1858—1913)，字叔毅，福建闽县（今福州）人。清末官吏、学者。陈宝琛二弟。光绪十六年进士。选庶吉士，散馆改刑部主事，未几，引归，一委于学，遂不出。著有《艺兰室文存》、《陈刑部杂文》。

朴寿致张亨嘉信札

约宣统元年十月

再图书馆及存古学堂，赖公提倡始具成规，将来开集雅之馆，追鸿都之学，复海滨邹鲁之风，达桑梓敬恭之愿。其所以嘉惠后进者甚盛。来书所示九难八阻，类皆庸俗，妄肆讥评。果能当轴者不为所摇，任事者不渝其志，则悠悠之口何足道哉？弟不在其位固不容为越俎之谋，而公益所关，亦不敢守如瓶之戒。晤鹤翁时当为朝端顾问，频来垩室，礼庐骧首，岐海倾心。弟坐拥虎符，愧涓埃之无补，遥看乌石，正霜叶之初蕾，容易秋风。怀人天末，溯洄不尽，珍卫为宜。祇请

道安从侯
潭釐

教弟朴寿[1]顿首

1 朴寿（？—1911），字仁山，满洲镶黄旗人，清末将领。光绪二十年举人，授吏部主事，累迁郎中。义和团起，联军入城，首与各国谋保商民。出为山西归绥道，简库伦办事大臣。1907年任福州将军，辛亥革命中被杀。

冉圖書館及存古學堂頫
公提倡始具成規將來開集雅之館追鴻都之學復
海濱鄒魯之風達
桑梓敬恭之願其所以嘉惠後進者甚盛
来書所示九難八阻類皆庸俗妄肆譏評果能當軸
者不為所搖任事者不渝其志則悠悠之口何足道
哉弟不在其位固不容為越俎之謀而公益所關亦
不敢守如瓶之戒昭 鶴翁時當為
朝端
顧問頻来蛩室
禮廬驤首岐海傾心弟叨擁虎符媿涓埃之無補遂
看烏石正霜葉之初蕾容易秋風懷
人天末溯洄不盡
珍衛為宜祇請
道安並候

现办事宜：

一、建置

存古学堂总以玉尺山房为上，此系全闽古迹，与存古名实相副。《奏定章程》内载，蒙养院房舍以平地建造为宜，断不可建造楼房。以此推之，即池沼亦不□宜。是幼稚园之宜迁，自属毫无疑义。女师范本有择地另建之议，此时阻于财力，然亦可设法赁屋另迁。此事竟须我公毅然决然晓谕大众，必可立成，所谓惟断乃成也。图书馆总以尚方伯所称贡院为上，或曰北城华林寺后有一区地亦其次也。最好能设于适中之地，令四方来观者道里适均。尤宜在高旷之区，免水火之患，省垣适中之地竟无合处。贡院、华林寺地虽偏北，然却可称高旷，似可择用之。

二、兴办

存古原议乘此考贡考职之时，即行赁屋招考。今为时已迟，然无论是否赶得及，总须豫将章程印刷，分布各府州县学子，并由尊处出示行通省，定期招考。此一定办法，一须买地建一幼稚园，一须择租宽大之屋可为女师范学堂者，请其迁徙。如此明正可望，宏规大起。图书馆择定地址，款仅五千耳。竟须撒手向票号息借一万金（或官银号亦可），以明后年所指之各五千金抵还。款既筹，便即须画图兴工，其集书之法，一则有绅士，前广东藩司龚蔼人之子愿将藏书五万卷并十二橱捐入，只求得派一管书之人，似亦可行。请饬于幼芗太史与议

1 吴曾祺 (1852—1929)，近代藏书家、训诂学家。字翼亭，亦作翊庭，人称涵芬先生。侯官县（今福州市区）北门华林坊人。光绪二年 (1876)，与其父同时考取举人，历任平和、泰宁等县学教谕，漳州中学堂监督。光绪二十九年 (1903)，任全闽师范学堂教务长。后受聘上海商务印书馆编译所，与长乐高啸桐（高梦旦之兄）、闽侯郑苏龛相交甚深。协助张元济、高梦旦创办“涵芬楼图书馆”，后扩充为东方图书馆，搜藏海内珍本、秘本。主持古今秘籍珍本编辑。1914 年主编有《涵芬楼藏书目录》。宣统二年 (1910) 编成《涵芬楼古今文钞》共 100 册，全书搜罗宏富，13 类、213 目，凡 2000 余家，文达万篇。收自上古至清同治、光绪间各体文章。同年由商务印书馆刊行。

（幼芗与之素稔）。以早定为妙，免有变局。一则循案奏明，分咨各省有书局者，将所刻之书各致一分（份）（奏设图书馆时即可附片）。一则随时采购，积久自臻富有。

一、叔毅窥其意当不愿就，然恐有人怂恿，使其一时姑就安置私人地步，以后再行辞馆，不能不虑。

二、掌教有正副之分，当时记有此议，后经师力持不可（显友其近晤运枢，尚申前说，可怪）。恐翼亭[1]或有所闻，托故而辞，亦未可定。

三、开办伊始，非有位望较崇者，不足镇摄。从前张清恪之于鳌峰，王文勤之于致用，皆设立之初自行掌教。俟规模既定，然后聘人。今陈吴两君既皆辞职，可否请吾师（只恳吾师应允，省中一切自当安置妥帖）在京自行遥领。题目由都拟寄，试卷包封，寄京阅定后寄回发表。俟数月后，再聘翼亭掌教，或由京另觅他人（只须一位可已）。如是则一阳当空，群阴悉伏，有益于闽学者甚大。幸师勿引辞自避，致亏一篑之功也。

四、学堂中应设办事员，亦恳限定额数，以免亲友请托，不能遍及，致之怨言。

捆捐入只求得派一管書之人似亦可行請飭于幼
鄉太史與議幼鄉與之素稔以早定爲妙免有變局一則循
案奏明分咨各省有書局者將所刻之書各致一分
奏設圖書館時即可附片一則隨時采購積久自臻富有

一牀敍窺其意當不願就然恐有人慫恿使其一時
姑就安置私人地步以後再行辭館不能不慮
一掌教有正副之分當時託有此議後經
師力持不可敝友其近况運樞尚中前說可怪此等事或有所聞託故而
辭亦未可定
一閩籍伊始非有位望較崇者不足鎮撫從前張靖
恪之於鰲峰王文勤之於致用皆因設立之初自行
掌教俟規模既定然後再行聘人今陳吳兩

君既皆辭職可否請吾只擬吾師座光備中一切自爲安置安頓
師在京自行遴領題目由都擬寄試卷包封寄
京閱定後寄回發表俟數月後再聘某某
掌教或由京另覓他人只須一位可也如此則
一隅尚空靡除卷伏有益於閩學者甚大年
師勿引嫌自避致虧一簣之功也
一學堂中應放擧事員亦懇限定額數以
免親友請託不能遍及致之怨言

現辦事宜

一

建置

存古學堂總以玉尺山房為上此係全閩古蹟與存古名實相副奏定章程內載蒙養院房舍以平地建造為宜斷不可建造樓房以此推之即池沼亦不宜是幼稚園之宜遷自屬毫無疑義女師範本有擇地另建之議此時阻於財力然亦可設法賃屋另遷此事竟須我

公毅然決然曉諭大眾必可立成所謂惟斷乃成也

圖書館總以　尚方伯所稱貢院為上或曰北城華林寺後有一區地亦其次也冣好能設於適中之地令四方来觀者道里適均尤宜在高曠之區免水火之患省垣適中之地竟無合處貢院華林寺地雖偏北然卻可稱高曠似可擇用之

二

興辦

存古原議乘此考貢考職之時即行賃屋招考令為時已遲然無論是否趕得及總須豫將章程印刷分布各府州縣學子并由

尊處出示行通省定期招考此一定辦法一須買地建一幼稚園一須擇租寬大之屋可為女師範學堂者

請其遷徙如此明正可望宏規大起

圖書館擇定地址款僅五千耳竟須撤手向票號息借一萬金減官[illegible]銀以明後年所指之各五千金抵還

萧健致张亨嘉信札

宣统元年十月十日

燮钧研丈大人左右：

前月经来专函，未卜知否登鉴。如未接到，当更录呈。比维手足，顷绥为颂。陆军新生虽未开课（月朔必开），然已另派一冯姓教员（外省人），不得已仍挽幼轩为一面提，幼勉允字询。迟久又催，则谓经顺谒未值，总须得丈之函始佳。窃思承丈注意，此席已十分结实。如其不果，尚何值与再言？第兄为所卖，翻谓别已高就（所以不敢更就商业），其枢纽总在幼翁（幼初亦谓若翻，不惟难对丈，亦何以见我）。弟素无无因至前必勤选幼自中至丈，及今其言如此，其何所及。计无复之，辄体尊意为函，自属专擅之至。纵未曾为，然似尚不失身分情事。稿呈待罪，甫经投去，不知有无效果？即效，反或不就，亦无不可。至存古，则官绅均未闻有何举动也。敬请

礼安惟希

德音为益

愚弟萧健　顿首

十月十日泐

前托查（舍侄信）分省事，兹兼托叔毅同年，未知其复否，故此函由渠处代转。

燮钧姻丈大人左右：前月径来之函，未之答复。

鉴（此未接到，当是误之）。比维

起居佳胜为颂。侄年来虽未开课（下月朔开课），然之事派一系性教员（外省九江之），

何以觉烦？前者一电提幼勉允字询述，又作知请，行经川谒未值，想须

丈之函推作稿思耶？

来信言此席之十八佳实，以其不果，尚何值与？再言弟先为两广都督

孙之高就（所以不敢实就高业），其枢纽总在幼翁对（幼和亦谓可招翻不能，谓弟）丈亦何以见哉。素無無因至

前此勤进幼自由

丈及今其言此其何所及计無德之辙也。

尊意为函自虎，擅发之至从未答复，然似尚不失身分情谊，悟稿是待罪

甫此拨去，不以有無效果，即或有或不就亦無不可，至在左知君

律此未开，有何举动，又敬请

礼安，惟希

德音，不莹

前记

愚弟棠 健顿首 十月十四

陈培锟[1]致张亨嘉信札

宣统元年十二月十一日

燮钧老伯大人钧鉴：

久未讯候起居，阔疏为罪。近从南归士夫询悉，在都近况安善逾常，欣慰无量。侄于春初归里，倏忽岁暮。桑梓办事之难，昔人尝论及之。况侄才劣望浅，少不更事，不特无以副里人之望，且时时自歉于中。满拟屏当北行，徒以家君宦后空囊，旅食京华，正资计划耳。学界与幼芗为难，蓄之已深，借题发挥，不为吾辈少留余地，甚可愤恨。至存古归幼芗管理，非长者一人之私意，而系侄等之公言。若辈亦深知之故，始则发难于图书馆，继则泄愤于存古（商业）学堂。未尝涉及存古也。幸勿以琐屑廑念，关款又有摇动（咨议局议匀分各府）。然存古则必办无疑，日昨关务处已有公文，另提此项也。敬请

钧安伏维
崇鉴

世愚侄陈培锟　谨叩
十一日

1　陈培锟（1877—1964），字韵珊，闽县（今福州市区）人。光绪二十四年（1898）进士，选庶吉士，后授翰林院编修、国史馆协修。光绪三十四年（1908），赴日本，入法政大学。毕业回国于宣统元年（1909）任福建高等学堂监督。

燮鈞老伯大人鈞鑒：久未訊候

起居，闊疎為罪。近從南歸士夫詢悉

在都近況安善，適常欣慰無量。姪於春初歸里，

倏忽歲暮，桑梓辦事之難，昔人嘗論及之，況姪

才劣望淺，少不更事，不特無以副里人之望，且時

時自歉於中。滿擬屏當北行，徒以家君宦後空囊，

旅食京華，正資計畫耳。學界與幼獅為難，蓄之

已深，借題發揮，不為吾輩少留餘地，甚可憤恨。

至存古歸幼獅管理，非

長者一人之私意，而係姪等之公言，若輩亦深

知之，故始則發難於圖書館，繼則洩憤於存古商業

學堂，未嘗涉及存古也。幸勿以瑣屑

屢念。關欵又有搖動（諮議局議勻分各府），然存古則必辦

無疑。日昨關務處已有公文呈提此項也。敬請

鈞安，伏維

姚文倬[1]致张亨嘉信札

宣统二年二月

燮钧宗伯大人阁下：

自旌旆北迈，寒暑代更，瞻望斗辉，跂慕何极。伏承礼成禫澹，还值南斋，金马论思，武东枚之芳轨；宏文顾问，虑虞褚之忠谟。硕望允孚，下风欣忭。文倬谬司闽学，瞬及四稘。智浅才轻，惭乏寸效。教育为宪政根本，分年筹备，节节相衔。而财政泉源日形枯涸，临时罗掘，窘束万端。职任所关，固不敢因难自诿。第恐心盈力绌，终无以副珂乡责望耳。存古学堂之设，去岁承大雅提倡，并邮示章程。规划周详，蚤应遵办。祇以都讲一席，自尊函到后，陈叔伊主政，适已还都，未及礼聘。而上年关款，亦先挪拨无余。物力、人事两未凑泊，以致稽迟。近者江杏村侍御乞养归里，其清风亮节，硕学宏词，允堪砥柱斯文，干城国粹。业先聘充学务议绅，拟俟其宁亲回省，即当延任斯堂监督，董理一切。此事于学部筹备清单内，限本年成立，松帅亦极为注重，自当急起经营，用副大君子维持朴学之至意。至历奉尊谕，所以报答迟迟者。正以空言不足以塞雅命，而其中曲折迂滞之故，亦有非覙缕所能罄者。曾倩于幼芗太史代达情形，亮荷鉴察。此后校中组织方针，尚乞随时指示。庶几苏湖教术遥遵，安定规模；鹿洞宗风，不失紫阳心法。闽人士之福，亦文倬等之幸也。专肃，恭贺

大喜祇请
勋安伏惟
霁鉴不儩

本司文倬　谨肃

1　姚文倬（1857—1908），一作文焯，字纯伯，号稷臣，浙江仁和人。光绪十六年进士，任翰林院检讨。光绪二十八年任云南学政。时任福建提学使。

夔鈞宗伯大人閣下自
旌旆北邁寒暑代更瞻望
斗輝政慕何極伏承
禮成禫澹還值
南齋金馬論思武東枚之芳軌宏文顧問攄虞褚之忠謨
碩望允孚下風欣忭文倬謬司閩學瞬及四稘智淺才
輇慚乏寸效教育爲憲政根本分年籌備節節相銜
而財政泉源日形枯涸臨時羅掘傜束萬端職任所
關固不敢因難自諉第恐心盈力絀終無以副
珂鄉責望耳存古學堂之設去歲承
大雅提倡並
鄭示章程規畫周詳蚤應遵辦祇以都講一席自
尊函到後陳叔伊主政適已還都未及禮聘而上年關
款亦先挪撥無餘物力人事兩未湊泊以致稽延近
者江杏村侍御乞養歸里其清風亮節碩學宏詞
允堪砥柱斯文干城國粹業先聘充學務議紳擬俟
其甯親回省即當延任斯堂監督董理一切此事於
學部籌備清單內限本年成立松帥亦極爲注重自
當急起經營用副
大君子維持樸學之至意至歷奉
尊諭所以報答遲遲者正以空言不足以塞
雅命而其中曲折迂滯之故亦有非覼縷所能罄者曾
倩于幼鄰太史代達情形亮荷
鑒詧此後校中組織方鍼尚乞
隨時指示庶幾蘇湖教術遙遵
安定規模鹿洞宗風不失
紫陽心法閩人士之福亦文倬等之幸也專肅恭賀
大喜祇請
勛安伏惟
霽鑒不備本司文倬謹肅

松寿[1]致张亨嘉信札

宣统二年三月

燮钧仁兄大人阁下：

去年十月翰教南来，倍承崇奖，惶愧有加。时因宪政条目大繁，督承进行，日无余晷，有稽裁畣，以迄于今。望远纾怀，实深歉仄。辰维上都，春满锦第，荣增寿颂之私。区区不尽。存古学堂一事亟谋所以成立者，自执事寄到章程后，幸有轨辙可循，悬定方针，不至再迷视线。奈始则陈吴诸君不愿小就，继则幼芗太史[2]定须回京供职。公推之掌教，既不能强之使来，已订之管学又不愿留而不去。彷徨四顾，将不免悒悒于中也。开学迁延，实由于此。顷闻姚学司[3]称，闽中诸公续推江杏村侍御[4]归挈领要。倾耳之次，庆幸靡涯，一坐皋比，素为乡邦所钦仰者。同志欢迎，观成有日。当经饬司预备一切，满望侍御早临，得以互订规则，务期内合部章，兼符众议，成一完善办法，方不负诸大君子嘉惠后进之盛心也。诸关注存，用特慺慺。肃覆，敬请

道安祇惟
爱照不一

愚弟松寿　顿首

1　松寿（？—1911），字鹤龄，满洲正白旗人。以荫生官工部笔帖式，逐渐升为郎中。历任陕西督粮道、山东按察使、江宁布政使、江西巡抚、江苏巡抚、工部右侍郎兼正蓝旗蒙古副都统、热河都统、兵部尚书、工部尚书、察哈尔都统，时任闽浙总督。

2　指于君彦。字幼芗，曾官翰林院编修。

3　指姚文倬，时任福建提学使。

4　江春霖（1855—1918），字仲默，一字仲然，号杏村，晚号梅洋山人，福建莆田人，光绪二十年（1894）进士，历任翰林院检讨、武英殿纂修、国史馆协修，官至新疆道，兼署辽沈、河南、四川、江南道监察御史。

燮鈞仁兄大人閣下去年十月
翰教南來倍承
崇獎惶愧有加時因憲政條目大繁督承進行
日無餘晷有稽裁答以迄於今望遠紓懷實
深歉仄辰維
上都春滿
錦第榮增禱頌之私區區不盡存古學堂一事
亟謀所以成立者自
執事寄到章程後幸有軌轍可循懸定方針
不至再迷視線奈始則陳吳諸君不願小就
繼則 幼鄰太史定須回京供職公推之掌教
既不能強之使來已訂之管學又不願留而
不去傍徨四顧將不免悒悒於中也開學遷
延實由於此頃聞姚學司稱閩中諸公續推
江杏村侍御歸挈領要傾耳之次慶幸靡
涯一坐皋比素為鄉邦所欽仰者同志歡
迎觀成有日當經飭司預備一切滿望 侍御
早臨得以互訂規則務期內合部章兼符衆
議成一完善辦法方不負
諸大君子嘉惠後進之盛心也諸關
注存用特慺慺肅覆敬請
道安祗惟
愛照不一

邓丙燿致张亨嘉信札

约宣统二年三月中旬

燮公夫子大人函丈：

敬禀者，到京畅聆教言，深慰孺慕。初五日辱承厚赐筵席，感何可言。初六日诣师门，叩谒伸谢，未蒙赐见。随即闻长沙饥民之变，阅悉电文，情词危迫。念及家中，寔为惶恐。乃初十日束装就道，中心慌乱不可形容。是以未及走辞，殊深惶悚。命小儿次日将匆遽情形，上禀钧听并慰悬望，想承洞鉴。及之长沙之事，前无准备，后乏调停。湖南为谷米之乡，腾价至八千以外，士绅多方恳请，莫应所求。初四初五两日，措置失宜，乃酿成巨祸。抚署荡然，教堂学堂半焚半拆。延及外国趸船堆栈，悉被焚烧，幸而四处民居，安然无恙。乡间乘风抢劫之案，无日无之，闻所未闻，见所未见。受业十六到家（疑似后文缺失）。

夔公夫子大人函丈敬稟者到京暢聆
教言深慰孺慕初五日辱承
尊賜筵席感何可言初六日詣
師門叩謁仰謝未蒙
賜見隨即聞長沙飢民之變閱電文情詞危迫
念及家中甚為惶恐乃於初十日束裝就道中心
慌亂不可形容是以未及走辭殊深惶悚命小兒
次日將匆遽情形上塵
鈞聽并慰
懸望想承
洞鑒及之長沙之事前無準備后之調停湖南為穀
米之鄉騰價至八千以外士紳多方懇請莫應所
求初四初五兩日措置失宜乃至釀成巨禍撫署蕩
然教堂學堂半焚半拆延及外國躉船堆棧悉
被焚燒幸而四處民居安然無恙鄉間乘風搶劫

黎承礼[1]致张亨嘉信札

宣统二年四月九日

夫子大人函丈：

计违棨范已十五年，惭笺奏之久疏，抚蓬衷而增谦，就谂道躔康豫，福履绥安，引领程门，弥殷篇颂。受业自丙申入蜀，濩落一官。仆仆风尘，四阅寒暑。曾一登荐剡，谬致循良之褒。时以先慈多病，蜀江险远，未得迎养，遂于庚子冬纳赀为郎，开缺归里矣。迨丙午先慈弃养，服阕后，亦无计出山。去岁吴子脩前辈坚以高等学堂监督相畀，到校倏届一年。前月饥民肇变，此间远隔重河，幸未遭毁。然在此虚糜馆粲，粥粥无营，言之实增愧赧。兹谨恳者，舍弟承福[2]于训诂词章，略窥门径，前在江建霞前辈门下以经古入学，后复从事三江师范学堂[3]，各种科学，均经研究有得。去岁滥竽选拔，入都朝考，欲耑诚修谒，以求诲益。受业同怀诸季，此为白眉，敢贡一言以作介绍。乞我夫子进而诏之，幸甚。专肃，祇请

道安

受业黎承礼　谨肃

四月初九日

1　黎承礼（1868—1929），字薇荪，号鲸厂，又号凫衣。湖南湘潭人。清光绪甲午翰林，散馆后授四川唐昌知县。庚子辞官归里，宣统二年任湖南高等学堂监督。工诗文，善书，精于篆刻。

2　黎承福，漕运总督黎培敬之子，黎承礼弟。学者，篆刻家。曾任三江师范学堂历史教习，湘潭中学堂监督。

3　三江师范学堂，是清末实施新教育后规模最大、设计最新的一所师范学堂，也是中国近代最早设立的师范学校之一。学堂模仿当时的日本教育体制，以“中学为体、西学为用”为办学方针。1902年筹办，1904年正式开学，1906年（清光绪三十二年）易名两江师范学堂。后期沿革历经多次校名更迭。校址设在南京北极阁以南（今东南大学四牌楼校区）。

夫子大人函丈計違
槼範已十五年慚牋奏之久疏撫蓬衷而增歉就諗
道履康豫
福履綏安引領
程門彌殷翕頌受業自丙申入蜀濩落一官僕僕風塵四閱
寒暑曾一登薦刻謬致循良之褒時以　先慈多病蜀江
險遠未得迎養遂於庚子冬納貲為郎開缺歸里矣迨丙
午　先慈棄養服闋後亦無計出山去歲吳子脩前輩堅
以高等學堂監督相畀到校倏屆一年前月饑民肇變此間遂
隔重河幸未遭毀然在此虛糜館粲粥粥無營言之實增愧
赧茲謹懇者舍弟承福於訓詁詞章略窺門徑前在江建霞
前輩門下以經古入學後復從事三江師範學堂各種科學均
經研究有得去歲濫竽選拔入都　朝考欲崇誠修謁以求
誨益受業同懷諸季此為白眉敢貢一言以作介紹乞我
夫子進而詔之幸甚專肅祇請

邓丙燿致张亨嘉信札

宣统二年七月一日

受业邓丙燿谨禀夫子大人函丈：

去岁初冬，同门李佛肩入都，曾上禀言，谅尘电鉴。本年五月伏读邸钞，敬悉夫子安平，守服终礼。朝廷圣哲，倚孝为忠，南斋有求旧之思，西山畅衍义之说，图书翰墨，古大臣所资以启沃者。今于夫子有大愿矣，顷年言官抗直，首推江、赵，今江、赵去矣，踵其后者幸又有赵、胡。然丙燿愚钝，以为方今多故，琐琐而言之，诚不足握纲领。孟子曰：格君心之非，人不足适，政不足闲。斯言也，唯大儒之近君者足以当之。能通于大义则知政贵体要而不可离于经常，能了于大势则知民有秉彝而不可欺以权诈。察官吏军民之利弊，审古今中外之权衡，陈古以刺今，安上而全下，则御史大夫谏诤所不及，而耆儒硕德惠泽所必施者也。且夫天下纷纷，叛徒四起，辇毂之下，人挟枪弹。军学之界，群言排革。计国家所兴立者，唯此耕凿之小民与家庭诵读之子耳。乃今之时流，以奢靡为得志。窭人之子，一与乡里事业，月俸辄至多金，服饰起居，诧于庸众。其所割剥，即在闾阎，以安分守己之氓，供吸髓朘膏之毒。加以外洋债累，连岁偏灾，所损已多，相

1　指长沙抢米风潮。即1910年（宣统二年）湖南长沙府发生的一次大规模的民变。是年春季，湖南因水灾而导致粮食歉收，米价飞涨，民不聊生。长沙城中以卖水为生的贫民黄贵荪一家因为无法买到米而集体自杀，激起民愤，引发了抢米风潮。清湖南巡抚岑春蓂对长沙人民严厉镇压，导致冲突扩大化。长沙人民的抢米斗争还直指帝国主义，长沙城中的许多教堂、洋行、领事住宅被捣毁。长沙抢米风潮参与人数超过两万人，并波及周边多个城市。

煎尤亟。谁非性命，必思保全。是故新政之颁，滋事者几遍行省，罪之则为抗命，原之则以为信谣。然而入苙颇难从，而招之则亦相安旦夕之计耳。瘠牛之偾不忧豚之不死，所惜者虫无百足，则亦僵不复立也。湘中三月之变[1]，激之者在官吏，而误之者则在约章。诸绅有所惩戒，以后断不敢近官。往事已矣，来日大难。我夫子恫瘝在怀，其必有以启悟君心，绥靖黎庶者。丙燿属在弟子，愿先睹宣公内相之谋猷，继观任圣阿衡之事业，天下泰平，颂德无量矣。数月以来，常以小疾废事，而公私酬酢之扰，又无暇清厥心。屡握笔冀摅忱款，卒不可得。去岁冬闲，稍稍整理旧稿，欲呈衡鉴，今尚未毕。以日月之久，阙然不问起居，故敢以此先之。肃泐，恭叩

勋安并颂

升祉伏希

冰鉴

丙燿　顿首肃上

七月朔午

災所指已多相煎尤亟誰非性命必思保全是故新政之頒滋事者幾徧行者罪之則謂為抗命原之則以為信謠然而入苙頗難從而招之則亦相安旦夕之計耳瘠牛之償不憂豚之不死所惜者蟲無百足則亦僵不復立也湘中三月之變激之者在官吏而誤之者則在約章諸紳有所懲戒以後斷不敢近官往事已矣來日大難哉

夫子恫瘝在懷其必有以啟悟

君心綏靖黎庶者雨耀屬在弟子願先睹

宣公内相之謀猷繼觀

任聖阿衡之事業天下泰平頌

德無量矣數月以來常以小疾廢事而公私酬酢之擾又無暇清厰心屢握筆冀攄忱款卒不可得去歲冬間稍稍整理舊稿欲呈

衡鑒今尚未畢以日月之久闕然不問

起居故敢以此先之肅泐恭叩

勛安並頌

升祉伏希

永鑒雨耀頓首肅上　七月朔午

受業鄧丙燿謹稟

夫子大人函丈去歲初冬同門李佛肩入都曾上稟言諒塵

電鑒本年五月伏讀邸鈔敬悉

夫子安平守服終禮

朝廷聖哲倚孝為忠

南齋有求舊之思

西山暢衍義之說圖書翰墨古大臣所資以啟沃者今於

夫子有大願矣頃年言官抗直首推江趙今江趙去矣踵其

後者李又有趙胡然丙燿愚鈍以為方今多故瑣瑣而言

之誠不足握綱領孟子曰格君心之非人不足適政不

足間斯言也唯大儒之近君者足以當之能通於大義

則知政貴體要而不可離於經常能瞭於大勢則知民

有秉彝而不可欺以權詐察官吏軍民之利弊審古今

中外之權衡陳古以刺今安上而全下則御史大夫諫

諍所不及而耆儒碩德惠澤所必施者也且夫天下紛

紛叛徒四起

輦轂之下人挾槍彈軍學之界群言排革計

國家所與立者唯此耕鑿之小民與家庭誦讀之子而乃今之

時流以奢靡為得志寠人之子一與鄉里事業月俸輒

寿鹏飞致张如亶[1]信札

宣统三年二月五日

世兄大人苫次：

上月阅读邸抄，惊谂先师薨逝，不觉失声痛哭。当经电达奉唁，亮邀鉴及。嗣接吉林曹梅访[2]提学来函，知吾师无疾而终。是日尚在曹礼参处坐谭数小时，久之舌蹇涎起，登车犹殷殷作别，归途即不省人事。呜呼痛哉！念我师气体素壮，精神逾恒人数倍。自上年忧居礼庐，颇形毁色。客夏服阕时，值飞入都枢谒见。吾世兄纯孝天成，痛切孺慕，不知当更何若。第承先启后，负荷方长，尚乞顺变节哀，勉襄大事。古者哭踊有节，亦以此身有用，不宜太过也。世兄明达，亮必能自宽慰。飞远隔关塞，又以防疫断绝交通，未由趋叩。前曾奉上奠敬银二百两，聊达微忱。兹又具挽联一幢邮上，乞代荐繐帏吾师在天之灵，或下鉴之。俟疫氛消灭，汽车通行，尚拟趋京祭哭。先此奉唁，祗敬

礼安

世小弟寿鹏飞　谨上
二月初五日

1　张亨嘉次子。

2　即曹广桢（1864—1945），字蔚叟。湖南长沙人，光绪十一年中举；光绪十八年（1892）登进士，授刑部主事，后升刑部员外郎、刑部郎中。后改任军机处领班章京。清末任吉林提学使。

世兄大人苫次上月閲讀 邸抄驚悉
先師薨逝不覺失聲痛哭當經電達奉
唁亮邀
鑒及嗣接 吉林曹梅訪提學來函知吾
師無疾而終是日尚在曹禮參處坐譚數小時久之舌蹇涎起登車猶
殷殷作別歸途即不省人事嗚呼痛哉念我
師氣體素壯精神逾恒人數倍自上年憂居禮廬頗形毀色容皃服闋
時值飛入都摳謁見吾
世兄純孝天成痛切孺慕不知當更何若第
承先啟後
負荷方長尚乞
順變節哀勉襄大事古者哭踊有節亦以此身有用不宜太過也
世兄明達亮必能自寬慰飛遠隔關塞又以防疫斷絕交通未由趨叩
前曾奉上
奠敬銀二百兩聊達微忱茲又具輓聯一幢郵上乞
代薦
繐幃吾
師在天之靈或下鑒之俟疫氣消滅汽車通行尚擬趨京祭哭先此奉
唁祗敂
禮安 世小弟壽鵬飛謹上 二月初五日

于君彦致仲韩信札

民国元年二月二十五日

仲韩贤表阮如晤：

月初接到手复，知前寄两缄，均邀青睐。藉谂阖潭均吉，欣慰之至。正式总统选举在即，闻党争甚为剧烈。南北意见，亦不同一。京畿之内，复多迁至津沽暂避险象，未知确否，殊为悬系。愚意如都中居民果多移徙，则天津亦为旧游之地，暂避似较为稳当。或缓或急，但须体察情形，此亦未能遥度也。寿洙邻已随秉三[1]同往否？其眷属是否仍寄居尊处？闽中辰下尚见静谧，惟一切政治未能进步。而外府县人与省中人争权利，不一而足。是以各界时起风潮，与共和两字殊大相反耳。奠期总看大局定后，甚是。前择日期已托其向秋冬再选。嘱买各件，容当觅人先寄，如无妥便，只好宽缓，进京时带呈。大概俟正式总统举后，方能起行也。手此布达，顺颂

侍安

彦　顿首

二月念（廿）五日

1　即熊希龄。熊希龄（1870—1937），字秉三，别号明志阁主人、双清居士。出生于湖南湘西凤凰县，祖籍江西丰城石滩。民国时期著名的教育家、社会活动家、实业家和慈善家。二十五岁中进士，后点翰林。1898年因参加百日维新运动被革职。后为端方援引，充当考察宪政五大臣出洋的参赞，嗣后又调奉天盐运使。武昌起义时到上海，拥护共和。因与立宪派张謇、梁启超等拥护袁世凯有功，出任北洋政府财政总长和热河都统。曾任北洋政府国务总理。

仲韓賢表阮如晤月初接到　手復知前寄兩緘均邀
青睞藉諗
閤潭均吉欣慰之至正式總統選舉在即閤黨爭
甚為劇烈南北意見亦不同一京畿之內後多遷
至津沽暫避險象未知確否殊為過慮意如
都中居民果多移徙則天津亦係舊遊之地暫
避似較為穩當或緩或急但須體察情形此亦
未能遙度也壽洙鄰已隨秉三同往啟其眷屬
是否仍寓居　尊處閩中底下尚見靜謐惟一切
政治未能進步而外府縣人與省中人爭權利亦
一而足是以分界時起風潮與共和兩字殊大相反
耳英期緩飛大局定後甚悉前擇日期已託其
向秋冬之再還　賢賢先伴寓第覓人先安宅亦甚
安便亦好寬緩進京附帶呈大概俟正式總統
舉後方能起行也手此佈達順頌
二月念五日

于君彦致仲韩信札

民国元年十二月二十一日

仲韩贤表阮如晤：

上月得手函，嘱向涛园[1]选择奠期，因屡催未便，致久未答复。昨又接到腊月十二日惠书，备聆雅切。胡家拨业抵款，找价无多，事尚可行，仍是托仲起[2]、舜仲[3]二君催其归结清楚，以不至决裂为妥。隆和款未知年内可以了结否？日升昌照常营业甚好。寿洙邻眷欲假寓府中，如无闲杂人等，彼此交情深厚，似不能却。院中多一同居，亦不岑寂。嵩先生教法既善，明年自当仍旧聘请，未审已否定议，甚念。张珍五[4]到闽后与各界尚见调和，军警亦无冲突。惟财政支绌，必须中央接济方足敷衍。墓铭请就近托人往催，俟有通信再为提及。本距奠期尚远，应来得及耳。涛园日单已取回，另纸钞银寄上。惟秋夏二季前未与说，如不合用，可示知，再行送改。令姪学业近有进境否，念之。此复。顺颂

潭安

内子嘱笔与尊堂问好

彦　拜手

嘉平廿一日

1　沈瑜庆（1858—1918），字志雨，号爱苍、涛园，侯官人。沈葆桢第四子。清光绪十一年举人，官至江西巡抚、贵州巡抚。

2　陈震（1868—1941），字仲起，一字任庐。闽县人。光绪三十年进士，吏部主事，曾佐张亨嘉浙江学政幕。民国初年任海军部秘书长。

3　陈宗蕃（1879—1954），原名同善，字舜仲，后改莼衷，侯官人。光绪三十年进士，任刑部额外主事。后留学日本东京帝国大学，学习法政经济。宣统二年回国，供职于邮传部。辛亥革命后曾任国务院参事、中华懋业银行北京行经理，北平市参议员等。陈宗蕃著作颇丰，著有《亲属法通论》《古今货币通论》等法律著作，还有文集及诗集。但他最重要的著作是研究北京历史地理的《燕都丛考》。

4　张元奇（1860—1922），字贞午、珍午（五）、君常，号姜斋。福建侯官（今福州）人。光绪十二年进士，散馆授编修，升御史。民国后任内务部次长、福建民政长、奉天巡按使、政事堂铨叙局局长、参政院参政、肃政厅肃政使等职。

仲韓賢表阮如晤：上月濤手函囑向濤園選擇吉期，

因屢催未復，致久未答復。昨又接到臘月十二日

惠書，備聆種切。胡家撥業抵款，找價無多，事尚可行，

仍是託仲起、舜仲二君催其歸結清楚，以不至決裂

為妥。隆和款未知年內可以了結否。日昇昌此常營業也。

好壽沫鄉眷歡偶處，府中如無間隔，人等彼此交

情深厚，似不能卻。院中多一同居，亦不為耗。葛先生

教法既善，明年自當仍舊聘請，未審以吾言議

甚念。張珍五到滬後，與老輩尚見調和，軍費亦無

衝突，惟財政支絀，必須中央接濟，方足敷衍。茲蔣

請辭，近託人往催，俟有適值再函提及。本班[illegible]如

兩遠應來濤及可濤園日單已取回，另脩鈔緞

寄上，惟夏秋二季前未與議，如不合用，可來函再行

送改。令姪學業近有進境否？念念。此復，順頌

禪安

[illegible][illegible][illegible][illegible][illegible]

庆拜手

嘉平念一日

于君彦致仲韩信札

约民国二年六月

仲韩贤表阮如晤：

前月曾接一信，正拟裁答。顷又收到六月一日惠书，并悉一切。京师谣言渐息，地方安静。潭第均吉。读课照常，远怀忻慰无已。前查赐坊，现照旧观，无少损坏，拟俟将来眷回闽时映相带京，较见妥便。令姪亲事，何家亦未决辞。近其长女已由省定亲，闻寿芬秋间可由蜀回京，俟愚到京晤时再议，似不必急。现所最急者，为吾师尚未安葬，及诗文集未经校刊耳。此愚昕夕所耿耿于心，而为吾表阮谋，即决计来京亦为此也。所查祖坟常祭一节，闻前系托令五伯经理。近询秀渊，令兄云渠恐靠不住，看来或另托族中诚实稳当者，兹亦要事。俟晤秀渊时再与妥商。承寄蒙山茶二箱，俟邮局准到，即当往携，费神甚感。嘱件照购，惟刨花是否涂头香油，便中希示及。先此布复，余容续陈。增将军[1]信，查明遣人送去，取一回片。

内人寄声与令堂问好

祇颂

侍祉

彦　顿首

1　增祺（1851—1919），字瑞堂，伊拉里氏，满洲镶白旗人。曾任齐齐哈尔副都统。光绪二十三年（1897）擢福州将军，充船政大臣，兼署闽浙总督。历任盛京将军、宁夏将军、广州将军（后兼署两广总督）。宣统元年（1909）迁广州将军。奉旨接替袁树勋署理两广总督。宣统三年（1911），为奕劻皇族内阁弼德院顾问，旋去职。1919年卒，谥简悫。

仲韓賢表侄如晤：前月曾接一信，已擬裁答，頃又收到六月一日惠書，并悉一切。京師謠言漸息，地方安靜，潭弟均吉，讀課照常，遠懷忻慰。至已前查賜坊現照舊觀，無少損壞，擬俟將來眷回湘，附股相當，亦較見妥便。令姪親事何家亦未決，鮮近其長女已由有定親，聞其秋間可由蜀回京，俟其到京時附再議，似不必急。現所最急者為吾師尚未安葬，及詩文集未經校刊，此二事昕夕所耿耿於心，而為吾表侄謀，即決計來京，亦為此也。所查祖墳常經一節，閱前函係託令五伯經理，近詢秀淵令兄云，渠恐甚不佳，在京未或另託族中誠實親戚者，兹亦無可，俟晤秀淵附再與妥商可[illegible]。寄蒙山茶，已購，俟鄭向華到，即交託攜貴神甚感。寄件照購，惟倒花是否塗頭，桌油須中等，示及。先此佈復，餘容續陳，祇頌[illegible]。

煩將軍張查收，遣人送去，取一回片

于君彦致仲韩信札

约民国二年七月二十四日

仲韩贤表阮如晤：

上月抄读六月十四日所寄手缄，备聆一是。致令伯信，即遣人送交。俟晤谈时，再当为之婉道一切。买卖地亩，为久居计，亦是不错。惟当此大局尚未十分安定，不妨暂缓一时，较为稳当。前寄令姪年庚，已送与何家合妥，兹将合婚帖寄上一阅（阅后可送与寿芬[1]兄一看）。另函致寿芬兄与之商决，据日家所说合成上婚，而又不宜早婚。此亦不妨之事。辰下两家说婚，多有先行议定，其定聘帖，俟后日与礼书一并送去。兹两家年齿俱幼，鄙意俟寿芬决定后，先备金戒指二枚，拣一好日就近送去为定，较妥。请与令堂商之。愚出京时一切书籍字帖均未类藏清楚。恐其散漫或被鼠啮，祈时嘱刘、赵、薛数人代为照料，心感无況。都门近事，便希时惠数行，以慰远盼。手此，顺颂

侍安

彦　顿首

1　何启椿，字寿芬，福建侯官人，光绪二十九年进士，曾任邮传部路政司员外郎、司长，铁路总局提调。稊园诗词社成员之一。

仲韓賢表阮如晤：上月抄讀六月十四日所寄

手緘，備聆一是。致　令伯信即遣人送交，俟晤該時

再勸為之。婉道一切，置買地畝，為出居計，亦是不

錯，惟此大局尚未十分安定，不妨暫緩一時，較

為穩當。前寄　令侄年庚已送與何家，合婚妥否。（閱後可即送與壽芗兄一看）

將合婚帖寄上一閱，另函致壽芗兄與之商決。

擇日　家所說合庚上婚，而又不宜早婚，此亦不妨之

事。底下兩家說婚多有先行議定，其定聘帖俟

後日與禮書一並送去，並兩家年歲俱幼，鄙意

俟壽芗決定後先備金戒指一枚，揀一好日就近

送去，為定較妥。請與　令堂商之。愚出京時，一切

書籍字帖均未類藏清楚，然其散漫或被竊，

還祈時寫劉趙薛數人代為照料，心感無既。

鄙門近事，便希示知，

惠教以慰遠懷。將手此順頌

于君彦致仲韩信札

约民国二年八月

仲韩贤表阮如晤：

昨接来书，祇悉一是。此间上月念（廿）四日，曾复寸缄，知尚未收及。近得何寿芬信，云寄存京寓书籍物件，均移寄尊处。想刘、赵当能接洽清楚，惟手书中尚未提及，殊为悬念。祈就近发信查之，并嘱其照件捡好登记，以免遗漏。敝处亦有存底，将来到京时可以对勘也。朝珠玉贾所出价值不低，似可以售。当此时局，是物本非必要，久藏亦甚无谓。惟字画必须加意护惜，不容霉蛀，方能待价而沽耳。京津虽有谣言，只可守以镇静。京寓既照常无恙，亦不妨在津多住一时。诸凡节俭，既赁屋所费，亦有一定，固无须急于回京。近得京中来函，云各部皆大变动，同乡中赋闲者甚多。大局如斯，恐一时未能平静，祇好作暂隐之计，以俟转机。闽中近闹数起大案，人心又形震恐，商业尤见艰难。大家只好安命顺天，听其自然而已。令伯处已将情形转述，渠又托致一信并寄察阅。此复，顺颂

钧安

彦　顿首

仲韓賢表阮如晤：接 來書祗悉一是。此間上月念四日曾復寸緘，知尚未收及。近滬何壽蓉信云寄存京廣書籍物件均移寄 鼻處，想劉趙當能接洽清楚，惟 手書中尚未提及，殊為懸念，祈就近發信查一查，并屬其照件檢好登記，以免遺漏。散處亦有存底，將來到京時可以對勘也。朝珠玉貫取出價值不低，似可以售，當此時局，是物本非必要，久藏亦甚無謂，惟字畫必須加意護惜，不容霉蛀，方能待價而沽耳。京津雖有謠言，只可守以鎮靜。京廣既照常無恙，亦不妨在津多住一時，諸凡節儉，即賃屋所費亦有一定，圖無須急於回京。近滬京中來函云各部皆大變動，同鄉中賦閒者甚多，大局如斯，恐一時未能平靜，祗好作暫隱之計，以俟轉機。圖中近潮數起，大案人心又形震恐，商業尤見艱難，大家只好安命順天，聽其自然而已。 令伯處已將情形轉述，渠又託致一信，并寄 察閱。此復，順頌

于君彦致仲韩信札

约民国二年八月二十五日

仲韩贤表阮如晤：

上月接复缄，知前寄梳胶各件，均已照收，甚慰。迩维阖潭均吉，百如遥颂。愚上月半在家，左足被跌，受伤颇重，后延外科医治月余，辰下已愈。惟尚未收口，须俟步履照常，方敢出门耳。京中正式总统举后，大局略定。想居民安堵如常，商业渐复旧况。近阅报章，云内阁有改组之说，未知确否？寿洙邻[1]眷已往山东否？贾家胡同房屋已经赁人否？肃此。

党见纷歧，人心浮动，即租屋一节，亦宜审慎调查，以求稳当。明岁西席是否仍旧？如学业略见进益，则亦不必另聘。陈家令姑闻仍无恙。月款一元，令伯处自去年算清还款后，即无拨给。如欲照恤，似宜另寄。前致令伯令兄信均已饬交，近刘子英总长回闽，遣散湘军，日来已出发千人，谅无他变。地方市面亦均如常。寄存之件尚乞时时关照为望。手此，顺颂

侍安

君彦　手草

小春廿五日

1　指寿鹏飞。

仲韓賢表阮如晤：上月接復，緘知前寄梳膠各件均已照
收，甚慰。近維
闔潭均吉，百如遙頌。愚上月半在家左足被跌受傷
頗重，後延外科醫治月餘，底下已愈，惟尚未收口，須
俟步履照常方敢出門耳。京中正式總統以年後大
局略定，想居民安堵如常，商業漸復舊況。近閱報
章云內閣有改組之說，未知確否。壽沫鄰眷已往山
東，吾賢家胡同房屋已經賃人，吾前此嘗見紛歧，
人心浮動，即祖屋一節亦宜審慎調查，以求就當。
明歲西席是否仍舊，如學業略見進益，亦不必
另聘陳家。令姑閣仍無著，悉月款一元，令伯處自去
年算清還款後即無撥給，如欲照此，鄙似宜另寄。
前段令伯令兄信均已錄交，近劉子英擬長四閩，
遣散湘軍，日來已出發千人，諒無他變，地方亦兩
亦均如常。寄存之件尚乞時時閱曬為要。手此順訊
[illegible]小春廿五日

于君彦致仲韩信札

约民国三年一月

仲韩贤表阮如晤：

上月抄得手复，敬悉一切。南苑田地近来收成颇好，多置较为稳当。所云二顷四十五亩，是否一顷之地有二十二亩半之多？同乡中林朗溪、叶颂垣闻亦各有置买，将来价值或能增长耳。嘱查资助陈家之款，据云月间虽不能按期给予，而十二元年间总可付清，明年还是照旧由令伯处寄拨，此系托人面询令姑母所云者。令姪入学堂得陶教习讲授，自可循序渐进。惟家庭之中亦不可过于宽泛，则获益较大也。寄件移置马号亦可，但马号记系在大门之外，必须遣人时为照顾方妥，祈留意是祷。闽省都督现已取销，而遣散军队之事尚未办楚。闻刘子英[1]尚有一时耽搁，关伯衡[2]辰下是否在京张路局？中央行政会议闻已组织成就，想国会制度又有变动耳。都门近事，如有所闻，便希详示为盼。手复，顺颂

侍祺

彦　拜手

贱足近已平复，惟为未敢多走路，承念并及。

1　刘冠雄（1858—1927），字敦诚，号子英、资颖，闽县（今闽侯）人。光绪元年（1875）考入福建船政后学堂，学习驾驶。光绪十二年（1886）派赴英国格林威治海军学院学习。光绪十六年（1890）回国，任北洋水师“靖远”舰帮带、大副。1912年出任南京临时政府海军部顾问，兼任福建都督。北洋政府时期被授予海军上将军衔，历任海军总长、福建省都督、福建镇抚使、闽粤海疆防御使等要职，并曾在袁世凯称帝期间被封为二等公爵位。1923年11月辞去闽粤海疆防御使职务，定居天津，1927年病逝。

2　即关冕钧。

仲韓賢表阮如晤：上月杪得 手復，敬悉一切。南苑田地近来收成頗好，多置較為穩當。所云弍頃四十五畝，是否一頃之地有二十二畝半之多？同鄉中林朗溪、葉碩垣聞亦允有置買，將来價值或能增長耳。

嘱查資助陳家之款，據云月間能不能按期給予，而十二元年間總可付清，明年還是照舊由 令伯處寄撥。此係託人面詢 令姑母所云者。 令姪入學堂，得陶教習講授，自可循序漸進。惟家庭之中亦不可過於寬泛，則獲益較大也。寄件移置馬號亦可，但馬號記係在大門之外，必須遣人時為照顧方妥。祈

留意是禱。閩省都督現已取銷，而遣散軍隊之事尚未辦楚。聞劉子英尚有一時耽擱。聞伯衡尼下是否在京？張路局中央行政會議聞已組織成就，想國會制度又有變動耳。都門近事如有所聞，便希

詳示為盼。手復，順頌

時祺 [illegible]

賤足近已平復，惟尚未敢多走。路承 念，并及。

《庚子事变手札》人名（含别名字号）索引

后记

2021 年岁末，这部《庚子事变信札》的最后校读工作完成，算是了结了一件盘桓数年的心事。

这是继《晚清廉吏阎敬铭手札》刊布之后我整理的又一部晚清书信体史料。说来两者也有直接联系。2018 年 4 月，《手札》在它的第二故乡巴彦淖尔市图书馆举行了新书发布会。会后随组织者进入该馆库房参观善本，我和同行的燕山出版社总编辑夏艳师妹同时关注到这部信札，她当即鼓动我将其整理出版，我也颔首同意。馆方介绍，这部珍贵《信札》其实是和阎敬铭家书一起，来自故宫博物院。具体始末已难得其详。我自己原不专长近代史，但眼见这批直接反映义和团运动和八国联军侵华重大事件的珍稀资料数十年湮没在草原边城，心有不忍，遂决定放下手中的其他工作，将其整理出版，公诸学界。

虽然心意已决，但我还是低估了工作难度。初以为刚刚结束阎敬铭家书整理，已有一定经验，应不会花费太多时间精力。其实不然。约略而言，其有三难。一曰文字识读难。难在都是毛笔手书，基本都是行草，许多潦草难辨。我们这代学人有一共同知识缺陷，即没有毛笔书写实践，虽毕生出入文字海洋，但对手书汉字的理解还是肤浅的。平日阅读资料，无论铅印石印刻本，都很工整规范，即便是原始档案奏摺，也多是馆阁体或行楷，少有识读困难。而书信成于多人之手，每人书写习惯不同，内容庞杂，没有什么规律。尤其是当时战乱之下，执笔者心态仓皇，多属字迹潦草。只能反复揣摩，读通为止。二曰内容理解难。书简虽短，但信息庞杂。很多是即时见闻，点到即止，在当时书信往还者之间是心领神会，在今天读者则往往一头雾水，不明就里。有些信函涉及朝政机密，有意使用隐语表达或古人名号代指，如“十二诸侯”“卯金刀”“速成学士”“半亩方塘”之类，要明其所指，须多方查证，颇费心神。即便是正常使用字号代替本名，查清也非易事，原因是许多并非名人，工具书不录其人。三曰考订时间、作者难。原信札日期除少数有月日外，多数有日，无月年。我们只能根据信札文意、记录信息，参考其他资料推测考订写作年月日，并排出顺序。因为是推定，无法保证准确无误。信札作者，除少量署名者外，也多依凭信札字迹、书写习惯和文意语气等加以推定。讹误肯定难免，只能期待未来与读者一起，寻找新资料，进一步确定。虽然已经竭尽所能，但我们的研究结论，仍有待时间和资料检验。正是因为这些困难，才使这部信札的整理迁延数年之久。

整理工作中，我的博士生尹世奇、谈汀、张心雨都不同程度地付出了劳动。尹世奇出力尤多，他为信札整理编制了资料长编，保证了注释的学术质量。还提议并编制了“人名资料索引”。没有他们的积极参与，完工势必还要延后。老友杨松涛上下奔走取得了巴彦淖尔市图书馆的授权，并出资拍摄了清晰照片，使工作得以顺利启动。耄耋之年的刘宗汉老先生抱病为我们校读了最初的二十余通信札，并指点我们相关知识，释疑解惑，令人感佩！老友马忠文研究员，精于信札整理，也提供过帮助。最后，我还要特别感谢夏艳总编辑，她不仅有倡议之功，还积极申请并获得了出版基金资助，为《手札》整理出版提供了资金保障。还有燕山出版社的刘占凤编辑，以专业负责的态度，积极推进书稿编辑，而且一再容忍了我的怠惰。没有他（她）们的付出，这部书至少不会在现在呈现在读者面前。

张永江

2021 年岁末某日深夜

记于博望斋

庚子事变手札整理

图书在版编目（CIP）数据

庚子事变手札整理 / 张永江校释 . -- 北京 : 北京燕山出版社 , 2021.3
ISBN 978-7-5402-5927-3

Ⅰ . ①庚… Ⅱ . ①张… Ⅲ . ①义和团运动 – 史料②书信集 – 中国 – 清代 Ⅳ . ① K256.706 ② I264.9

中国版本图书馆 CIP 数据核字 (2021) 第 021911 号

作　　者　张永江
责任编辑　刘占凤　赵　琼　张金彪　王亚妮
责任校对　杜　睿
书籍设计　XXL Studio 刘晓翔 + 叶嘉欣
出版发行　北京燕山出版社有限公司
社　　址　北京市丰台区东铁匠营苇子坑 138 号 C 座
邮　　编　100079
电话传真　86-10-65240430（总编室）
印　　刷　北京富诚彩色印刷有限公司
开　　本　889mm × 1194mm　1/8
字　　数　300 千字
印　　张　32.5
版　　次　2021 年 12 月第 1 版
印　　次　2021 年 12 月第 1 次印刷
书　　号　ISBN 978-7-5402-5927-3
定　　价　480.00 元